TRANSPARENT

Band 42

V&R

für Gila

Jürgen Kriz, geb. 1944, Dr. phil., ist Professor für Psychologie und Sozialwissenschaften an der Universität Osnabrück, Psychotherapeut (GwG) und Ausbilder für Klientenzentrierte Psychotherapie. Er ist korrespondierendes Mitglied der Gesellschaft für Logotherapie und Existenzanalyse.

Jürgen Kriz

Chaos, Angst und Ordnung

Wie wir unsere Lebenswelt gestalten

2. Auflage

Vandenhoeck & Ruprecht
in Göttingen

Die Deutsche Bibliothek – CIP-Einheitsaufnahme

Kriz, Jürgen:
Chaos, Angst und Ordnung : wie wir unsere Lebenswelt gestalten /
Jürgen Kriz. – 2. Aufl. –
Göttingen : Vandenhoeck & Ruprecht, 1998
(Transparent ; Bd. 42)
ISBN 3-525-01728-6

Umschlaggestaltung: Rudolf Stöbener

2. Auflage 1998

Das Werk einschließlich aller seiner Teile ist urheberrechtlich
geschützt. Jede Verwertung außerhalb der engen Grenzen
des Urheberrechtsgesetzes ist ohne Zustimmung des
Verlages unzulässig und strafbar. Das gilt insbesondere für
Vervielfältigungen, Übersetzungen, Mikroverfilmungen und
die Einspeicherung und Verarbeitung in elektronischen Systemen.
© 1998, 1997 Vandenhoeck & Ruprecht, Göttingen
Printed in Germany
Schrift: Palatino
Satz: Text & Form, Pohle
Druck und Bindung: Hubert & Co., Göttingen

Gedruckt auf chlor- und säurefreiem Papier

Inhalt

Vorwort	7
I. Die (Ver-)Bannung des Chaos	11
Angst vor dem Chaos	11
Chaosvermeidung durch Reduktion	16
Menschliche Chaosvermeidung	18
Zwischen Chaos und Ordnung	22
Die gesellschaftliche Chaos-Verbannung	26
Über »Law and Order«	30
Die Erstarrung des Miteinander	33
II. Schöpferisches Chaos in der Psychotherapie	38
Von lebenden Steinen und versteinertem Leben	38
Die Dynamik von Opfern und Tätern	41
Die Perspektive der systemischen Therapie	45
Die allzu einfache Ordnung der Systemiker	51
III. Chaos, Angst und Wissenschaft	62
Mensch, wo bist du?	62
Über Angst und Logik	71
Communicare versus disputare	74
Das Problem der Dignität	77
Die Ordnungs-Ideologie der Wissenschaft	82
Die Macht der alten Ordnung	87
Psychotherapie als Wegweiser einer lebensgerechteren Wissenschaft?	91

IV. Ist die Welt in Ordnung?	97
Von Wissen und Unwissen	97
Grenzen der Ordnung	103
Archetypische Ordnung	106
Mensch und Ordnung	114
Anmerkungen	122

Vorwort

Mit diesem Buch möchte ich Menschen zu einer weiten Wanderung einladen. Der Weg führt uns in unterschiedliche Bereiche unserer Lebenswelt, die durch das Wechselspiel von Chaos und Ordnung gekennzeichnet ist.

Wir beginnen dabei am persönlichen Bezugspunkt des Einzelnen – der freilich nie allein in dieser Welt ist. Hier geht es zunächst darum, die Achtsamkeit für die Wahl des jeweiligen Standorts im Spannungsfeld zwischen Chaos und Ordnung zu erhöhen. Ein Standort, der stets irgendwo gefunden werden muß zwischen dem Schöpferischen, Einmaligen, Unvorhersehbaren und damit auch dem Erschreckenden, Angstmachenden einerseits, und dem Wiederkehrenden, Prognostizierbaren, Sicheren, Vertrauten und damit auch dem Langweiligen, Regel-Erstarrten andererseits.

Wichtig erscheint mir, sowohl die notwendige Leistung zu würdigen, wie dem unfaßbaren Chaos faßbare Ordnung abgerungen wird, als auch die Gefahr zu erkennen, wie leicht dabei Ordnung zur Zwangsordnung entarten kann. Diese Gefahr ist dann besonders groß, wenn wir Ordnung allein über Kontrolle zu erreichen versuchen, statt auch auf eine sich selbst entfaltende Ordnung zu vertrauen. Dies fällt schwer, obwohl wir uns doch sogar im engen Rahmen rationaler Diskurse als Teil der Evolution verstehen, in der sich eine bewunderswerte Schöpferkraft über Jahrmillionen und ohne Zutun des Menschen manifestierte und entfaltete.

Indem wir uns, weg vom individuellen Standpunkt, auf einen Perspektivwechsel einlassen – nämlich auf die Ordnungen und Regeln in sozialen Beziehungen – gelangen wir in einen zweiten Bereich, in dessen Zentrum dann die schöpferische Kraft des Chaos zur Belebung erstarrter Beziehungen (auch zu sich selbst) steht. Dem Leit- (bzw. Leid-)Thema *Kontrolle statt Vertrauen* begegnen wir auch in den menschlichen Beziehungen allzu häufig. Systemische Psychotherapie mit Einzelnen, Paaren und Familien widmet sich besonders diesen Fragen.

Sowohl die individuelle als auch die soziale Standortbestimmung im Spannungsfeld zwischen Chaos und Ordnung findet im Kontext übergreifenderer Leitbilder statt. Für unsere Gesellschaft sind dabei die Leitbilder dreihundertjähriger abendländischer Wissenschaft besonders bedeutsam. Wenn wir uns diesem Bereich zuwenden, wird dasselbe Grundmotiv deutlich: Das berechtigte Bedürfnis des Menschen nach Sicherheit ist auch im Rahmen von Wissenschaft entartet, indem versucht wird, diese Sicherheit ausschließlich über eine möglichst perfekte Kontrolle zu erreichen. Doch die Grenzen und die »Nebenwirkungen« des Fortschritts in Form eines ungeheuren Zerstörungspotentials werden immer augenfälliger. Die notwendige Neuorientierung unseres Verständnisses von »Fortschritt« führt uns zu der Frage, wie weit die entängstigende, vertrauensfördernde Begegnungshaltung einer (ganzheitlichen) Psychotherapie als Wegweiser dienen könnte.

Unsere Wanderung würde für mich unbefriedigend bleiben, wenn sie nicht auch exemplarisch an die Grenzen führen würde, die sich unserem Wissen über Chaos und Ordnung stellen. Dies ist der Gegenstandsbereich des letzten Kapitels. Wobei ich »Grenzen« sowohl als faszinierend herausfordernde »frontierts« als auch als demutsvolle Einsicht in unsere »limits« verstanden wissen möchte.

Dem Buch liegt ein Vortragszyklus zugrunde, den ich im Herbst 1996 unter dem Gesamtthema »Ist die Welt (noch) in Ordnung?«[1] auf Einladung der VHS-Georgsmarienhütte im dortigen Rathaus hielt. Für die spontanbegeisterte, kooperative Unterstützung des Projektes möchte ich dem Leiter der VHS, Dr. Eberhard Schröder, an dieser Stelle herzlich danken. In Beachtung der großen Unterschiede zwischen Gehörtem und Gelesenem entstand freilich für dieses Buch ein völlig neuer Text.

Jürgen Kriz

I. Die (Ver-)Bannung des Chaos

Angst vor dem Chaos

Das Kind erwacht – vielleicht aus schweren Träumen – und findet sich allein, von nächtlicher Dunkelheit umgeben, namenloser Angst ausgeliefert. Die vertrauten Umrisse der Wirklichkeit sind verwischt, ja unsichtbar. Chaos will hereinbrechen. Das Kind schreit nach der Mutter. In einem solchen Augenblick ist der Ruf nach der Mutter, ohne Übertreibung, der Ruf nach einer Hohepriesterin der Ordnung. Die Mutter – und vielleicht nur sie – hat die Macht, das Chaos zu bannen und die Welt in ihrer Wohlgestalt wiederherzustellen. Genau das tut eine Mutter. Sie nimmt das Kind in den Arm und wiegt es in der zeitlosen Gebärde der magna mater ... Sie spricht zu ihrem Kind, sie singt ihm ein Schlummerlied. Und der Grundtenor ist auf der ganzen Welt immer und immer derselbe: »Hab' keine Angst«; »alles ist in Ordnung«; »alles ist wieder gut«. Das Kind schluchzt vielleicht noch ein paarmal auf und gibt sich allmählich zufrieden. Sein Vertrauen zur Wirklichkeit ist zurückgewonnen, und in diesem Vertrauen kann es wieder einschlafen.

(Peter L. Berger)[2]

*

Auf vielen Seminaren und Vorträgen habe ich erfahren, wie diese Schilderung vom Ringen um Ordnung am Rande des Chaos unterschiedlichste Menschen direkt ins Herz trifft. Ohne große Vorreden und Erklärungen führt diese Szene unmittelbar zum Kern des Spannungsfeldes zwischen Chaos und Ordnung – eine Thematik, die unsere gesamte Lebenswelt durchzieht. Denn jeder kennt aus seinem eigenen Leben zahlreiche ähnliche Szenen, und sie sind keineswegs auf Kindheitserinnerungen oder auf den tröstenden Umgang mit Kindern beschränkt. Auch für uns sogenannte »gesunde« Erwachsene lauert das Chaos an den Rändern der Lebenswelt. Wir mögen ein noch so festes Bollwerk aus Sicherheit, Vertrautheit, Regelmäßigkeit und Ordnung aufgebaut haben: Unversehens zeigen sich Risse in den Fassaden. Träume, allzu großer Streß, Schicksalsschläge oder einfach eine unerklärliche Sensibilität können zu Erschütterungen führen, durch die eine Gedanken- und Empfindungsflut über uns hereinbricht und unsere Alltagsordnung in einem gewaltigen Strom in den Abgrund zu reißen droht.

In der Tat gibt es wohl kaum etwas, das für den Menschen bedrohlicher ist, als wenn die Strukturen seiner Lebenswelt sich auflösen, wenn jedwede Ordnung zusammenbricht und er sich dem Unvorherseh- und Unvorhersagbaren ausgeliefert erleben muß. Schon relativ geringe Anzeichen solcher Auflösungstendenzen erfüllen uns mit Schrecken. In seiner »Existenzanalyse der Angst« spricht der Wiener Logotherapeut und Existenzanalytiker Alfried Längle von einer »Grundangst« des Menschen. Er schildert sie als die Erfahrung des »nichts ist sicher«, eine Erfahrung, bei der es um eine »Erschütterung des fest Gefügten« geht, wo »Halt und Boden drohen, verloren zu gehen«[3].

Es ist daher nur allzu verständlich, wenn der Mensch gegebenenfalls noch seine letzten Kräfte mobilisiert, um sich drohender Strukturlosigkeit entgegenzustemmen, und – was viele klinisch-psychotherapeutische Fallgeschichten zeigen – wenn er notfalls versucht, dem Chaos zumindest einen Rest von Ordnung abzuringen. Unterschiedliche Theorien zur Psychopathologie stimmen denn auch darin überein, daß sie manche Erscheinungsformen, in denen uns menschliche Ängste und psychische Leiden besonders sichtbar werden, mit Erlebenschaos und mit unangemessenen Versuchen, das Chaos zu bannen, ursächlich in Verbindung bringen.[4]

Auch in vielen Schöpfungsgeschichten und anderen Mythologien, in Märchen und Sagen vom Anfang und vom Ende aller Zeiten, taucht immer wieder dieser bedrohliche Aspekt des Chaos auf, dessen etymologische Bedeutung der Duden wie folgt ausgibt: »ungeformte, gestaltlose Urmasse der Welt, Auflösung aller Werte, Durcheinander«. Verwiesen wird dabei auf die Vorstellungen des Griechen Hesoid (ca. 700 v. Chr.), der Chaos als den gähnenden, finsteren Abgrund schilderte, welcher sich bei der Entstehung der Welt zwischen Himmel und Erde auftat. Und auch in einer Beschreibung von Franz Josef Haydns Oratorium »Die Schöpfung« aus dem Jahre 1798 muß das *Chaos* erst vom *Leben* überwunden werden:[5] »Die Instrumentaleinleitung (schildert) in zwei Grundmotiven – einem monotonen, düsteren Klang und einem nach Leben ringenden Ruf – das Chaos vor der Schöpfung ... In strahlendem C-Dur erklingt mit vollem Orchesterklang das ›Es werde Licht!‹ Der erste Schöpfungstag bricht an. Die Geister der Tiefe verschwinden.«

Zwar gibt es auch die Vorstellung vom Chaos als eine schöpferische Kraft – so beispielsweise in vielen östlichen Weisheitslehren oder bei Paracelsus, Jacob Böhme, Georg Christoph Lichtenberg, Friedrich von Schlegel, Friedrich Nietzsche, Martin Heidegger und besonders auch bei Psychotherapeuten, von C.G. Jung über Carl Rogers und Fritz Perls bis hin zu den heutigen System- und Familientherapeuten. Allerdings stimmen wohl alle Autoren auch darin überein, daß selbst ein so positiv verstandenes Chaos, nämlich als Möglichkeit zu kreativer Veränderung, für den Menschen nur sehr begrenzt erträglich sein kann. In größerem Ausmaß wird die »Auflösung aller Werte und Ordnungen« höchstens als eine relativ kurze Durchgangsphase ohne Schäden überstanden. Auf eine solche Phase radikaler Veränderung, in der an allen festgefahrenen Strukturen gerüttelt wurde, muß notwendig wieder mehr Ordnung und Reduktion von Komplexität folgen. Die Wiedergewinnung und Bewahrung eines gewissen Halts und vertrauter lebensweltlicher Strukturen ist für unser alltägliches Leben notwendig.

Aus diesen Erfahrungen, Schilderungen und Überlegungen ergibt sich die Kernfrage dieses ersten Kapitels: Wie schaffen wir sogenannte »normale« Erwachsene es überhaupt, das Angst machende Chaos zu bannen und Sinn und Ordnung in dieser Welt zu finden? Im Gegensatz zur Erlebenswelt eines Kindes und mancher Patienten, für die unsere Anfangsszene eher typisch war, ist es für uns doch offenbar selbstverständlich, daß wir relativ stetig in jener Realität leben, die unsere gesellschaftliche Alltagsrealität ist. Dies erwarten nicht nur andere, sondern das erwarten auch wir selbst von uns. Und daran ändert auch unserer obiger Hinweis nichts, daß diese Alltagsrealität an den Rändern ihre Risse und Brüche aufweist. Zu Recht bezeichnen wir solche Phänomene eben als die Randbereiche unserer Normalität.

Diese Frage, wie wir es überhaupt schaffen, das Chaos zu bannen und Sinn und Ordnung in dieser Welt zu finden, ist in den letzten Jahrzehnten zunehmend brisant geworden. Denn die moderne naturwissenschaftliche Chaos- und Systemtheorie hat uns den Glauben an eine Weltordnung genommen, die für den Menschen berechenbar, vorhersagbar und letztlich kontrollierbar war. Das Bild unserer Welt in Form eines riesigen Uhrwerks, das, einmal in Gang gesetzt, unaufhörlich nach einer universalen Dynamik abläuft, war durch die Quantenphysik und Relativitätstheorie Anfang dieses Jahrhunderts bereits reichlich angekratzt – nun ist es endgültig zerbrochen. Statt dessen verbindet sich unsere moderne Weltsicht wieder mit den Weisheitslehren unterschiedlicher Kulturen und Zeiten (und auch denen unserer eigenen Kultur) in der Erkenntnis, daß die Welt vor allem als ein unsagbar komplexer Prozeß erfahrbar wird. Ein Prozeß, in den wir eingebunden sind und zu dem wir beitragen, der für uns – als Teil – aber letztlich unfaßbar bleiben muß. Sinn und Ordnung können uns nicht mehr selbstverständlich erscheinen. Vielmehr erleben wir zunehmend häufiger, daß wir uns diese immer wieder erst mühsam verständlich machen müssen.

Allein schon die Prozeßhaftigkeit der Welt überfordert unser Fassungsvermögen. Denn innerhalb einer Welt, die nicht *ist*, sondern die *geschieht*[6], gibt es nichts Festes, auf das ewig Verlaß wäre, das wir als »ewig« ansehen könnten. Vielmehr ist alles im Wandel: Man kann nicht zweimal in denselben Fluß steigen, betonte schon Demokrit. Als Wissenschaftler erkennen wir somit zunehmend, daß unsere Ordnungen bestenfalls Inseln im reißenden Meer des Chaos sind.

Doch wenn dies in letzter Konsequenz auch die Struktur unserer Lebenswelt wäre, könnten wir darin nicht leben. In einer Welt, in der wir ausschließlich die Einmaligkeit jedes Augenblicks und jeder Raum-Zeit-Konstellation erfahren würden, in der also für uns nichts Wiederkehrendes und somit Vertrautes wäre, hätte nicht nur die panische Angst, wie sie uns in Alpträumen und psychotischen Einbrüchen begegnet, ihr ständiges Dasein. In einer solchen Welt ließe sich nicht einmal physisch überleben, wie wir noch sehen werden. Es ist daher notwendig, das Chaos zu bannen und eine gewisse Ordnung, Regelmäßigkeit und Zuverlässigkeit in der Welt zu etablieren. Doch wie gelingt dies?

Chaosvermeidung durch Reduktion

Für den weiteren Gang der Argumentation ist es nun wichtig zu verstehen, daß sich *Ordnung* für uns immer in einer *Reduktion von Komplexität* ergibt – eine Einsicht, die nicht zuletzt auch in der modernen Systemtheorie betont wird.

Diese Reduktion bewerkstelligen wir dadurch, daß wir den einmaligen, unfaßbar komplexen Prozeß der Weltevolution – eben das Chaos – quasi in Stücke zerschneiden, diesen Stücken Kategorien zuordnen und so Gleiches und Wiederkehrendes erfinden. Durch diese zerstückelnden Erfindungen wird das Unfaßbare dann für uns zumindest in Teilaspekten faßbar.

Ich will diesen wichtigen Aspekt am Beispiel der Kategorien »Abend« und »Morgen« erläutern: Wir sprechen von den Kategorien »Abend« und »Morgen« meist so, als *gäbe* es sie einfach irgendwie – als wären es keine Konstruktionen, sondern unhinterfragbare Bestandteile der Wirklichkeit.[7] Genaugenommen aber war kein »Abend« in der Geschichte des Universums einem anderen völlig gleich, und kein »Morgen« war mit einem anderen wirklich identisch. Und dennoch macht es nicht nur *Sinn*, von Abenden und Morgenden zu reden, sondern es ist *wesentlich* für Leben, die *Abfolge* dieser erfundenen Kategorien als *Regel* auszumachen. Denn erst die Wiederholung ermöglicht zugleich Voraussagbarkeit und Planbarkeit, und verringert somit Unsicherheit im Umgang mit der Welt. Wir hätten fast keine der am heutigen Tag durchgeführten Handlungen und Tätigkeiten ausführen können, wenn wir solche Regelmäßigkeiten nicht erfunden hätten.

Es sei betont, daß diese Reduktion und kategorielle Abstraktion keineswegs an Begriffe und Sprache gebunden ist – und somit das Erfinden von Regelmäßigkeiten primär eine menschliche Eigenschaft wäre. Vielmehr ist diese Art der Erkenntnisgewinnung offenbar so grundlegend und wichtig für Leben überhaupt, daß es sich schon in »niederster« Form an diese (fiktive und abstrahierte) Abfolge von Morgenden und Abenden evolutionär angepaßt hat: Dort, wo Leben aus dem unendlich komplexen Prozeß beispielsweise »Licht« abstrahiert, wird die Unvergleichbarkeit der Morgende auf die einzige Variable »Wiedererscheinen von Licht« reduziert – und hinsichtlich *dieses* Aspekts sind eben *tatsächlich* alle Morgende einander gleich.

Neben der Reduktion auf »Licht« – und damit der Abfolge und Vorhersagbarkeit von Tag/Nacht – finden wir evolutionär natürlich die Konstruktion vieler weiterer Regelmäßigkeiten: Ebbe/Flut, Frühling/Sommer Herbst/Winter, und vieles andere, was beispielsweise unter Konzepten wie »angeborene auslösende Mechanismen« oder »Instinktverhalten« thematisiert wird.

Leben in der Form, in der wir es kennen, ist daher dem Chaos abgerungen. Evolutionär, als Entwicklung vom Urknall her, hat sich Leben in der Welt etabliert – quasi als Gegenprogramm zum ständig stattfindenden Zerfall, den die Thermodynamik thematisiert. Und die Lebensformen auf diesem Planeten sind auf jene Regelmäßigkeiten angewiesen, die sie durch Reduktion und Abstraktion konstruieren. Friedrich Cramer, langjähriger Direktor am Göttinger Max-Planck-Institut für Experimentelle Medizin, spricht bei Prozessen des Lebens, wie der Proteinbiosynthese bis hinauf zu komplexen biologischen Vorgängen, ja gar bis hin zu den kognitiven Schöpfungen wie Kunst und Ästhetik, denn auch von »Chaosvermeidungsstrategien«, und er betont: »Ordnung, Formenbildung, Schöpferkraft sind das Resultat einer inhärenten Chaosvermeidung, im Kosmos wie auch im Leben des Einzelnen.«[8]

Menschliche Chaosvermeidung

Chaosvermeidung gilt ganz besonders für die Lebensform Mensch, die mit dem, was wir als »Gesellschaft« und »Kultur« bezeichnen, ein ungeheures Regelwerk in der Welt etabliert hat. Chaos, die unendliche Komplexität des einmaligen Welt-Prozesses, ist für uns offenbar so bedrohlich, daß evolutionäre Programme faktisch vom ersten Lebenstag an greifen, um dem Chaos Ordnung abzuringen und die Prozesse der erfahrbaren Welt nach möglichen »Regelmäßigkeiten« abzusuchen.

Dies wird deutlich, wenn man die Fähigkeiten von Babys untersucht. So besitzt das Neugeborene beispielsweise die erstaunliche Fähigkeit, den Strom der Laute in jeder Sprache, die auf diesem Planeten gesprochen wird, in seine Komponenten zu zerlegen. Man kann nämlich mittels Einzelbildanalysen von gefilmter menschlicher Kommunikation zeigen, daß bei der Unterhaltung zweier Erwachsener beide minimale Bewegungen ausführen, die beim Hörer synchron zu bestimmten sprachlichen Einheiten (sogenannten Phonemen) des jeweils sprechenden Partners verlaufen. Schon wenige Stunden alte Neugeborene können sich nun ebenfalls synchron zur Sprachstruktur bewegen – und dies, wie gesagt, offenbar in jeder real vorkommenden Sprache. Dies ist allein schon deshalb so erstaunlich, weil wir Erwachsenen beim Hören uns wirklich fremder Sprachen mit fremden Grammatiken in der Regeln nicht sagen können, wo in dem Strom der Laute ein Wort beginnt und wo es jeweils endet. Eine solche Identifizierung ist aber natürlich notwendig, damit überhaupt eine Grammatik erlernt werden kann, die ja im wesentlichen auf einer Ordnung der Wörter beruht. Auch das Neugeborene stellt sich allerdings zunehmend auf jene Lautbilder ein, die in der jeweiligen Sprachgemeinschaft, in der es lebt, vorkommen. Es kann diese dann immer besser differenzieren, baut eine komplexe

Grammatik auf, verliert dabei aber auch die Fähigkeit, auf jede beliebige Sprache zu reagieren.[9]

In einem noch eindrucksvolleren Beispiel berichtet der Entwicklungspsychologe Bower von einem blindgeborenen Baby, das ein Echo-Ortungsgerät erhielt, bei dem jedes Objekt im Umkreis von zwei Metern mit Hilfe dieses Apparates in hörbare Frequenzen umgewandelt wurde. Dabei ging aus der Höhe des Tons die Entfernung, aus der Laustärke die Größe des Objekts hervor. Bewegte sich nun ein Objekt auf das Kind zu, so änderten sich die Höhe und die Lautstärke des Tons gleichzeitig. »Wenige Sekunden nach dem Anlegen des Gerätes wußte das Baby, daß diese Veränderung das Näherkommen eines Objektes in Richtung auf sein Gesicht signalisierte. Der wichtige Punkt ist nun der: kein Baby war je zuvor mit dieser Art von spezifischer Information konfrontiert worden«[10]. Offensichtlich konnte also das Baby die Strukturgleichheit der akustischen Information zur sonst üblichen optischen Information sofort verwerten und gezielt darauf reagieren.

Eine andere Untersuchung an vier Monate alten Säuglingen zeigte, daß diese fähig sind, in der Struktur der Umgebung einfache Regeln zu entdecken. Sie konnten sich nämlich bestimmten Verstärkerplänen für das Wenden ihres Kopfes – wie »zwei mal rechts«, »drei mal rechts«, »rechts-links-Wechsel« – rasch anpassen. Da erst eine Kopfwendung von einem bestimmten Ausmaß an als richtige »Reaktion« verstärkt wurde, blieben bei Reaktionen unterhalb dieses Kriteriums die Belohnungen aus. Dies führte zunächst zu falschen »Konzepten«, bis die Säuglinge aufgrund des »Tests« verschiedener »Hypothesen« zur richtigen Strategie kamen.[11]

Alle drei hier nur exemplarisch angeführten Untersuchungen belegen, wie die Suche nach möglichen Regelmäßigkeiten in der Umgebung auch beim Menschen bereits angeboren ist, und von welcher zentralen Bedeutung

Regeln und Ordnung offenbar sind. Gerade in letzter Zeit hat die Säuglingsforschung viele weitere Befunde vorgelegt, über die Not-Wendigkeit von Regelmäßigkeiten im Verlauf der Mutter-Kind-Interaktion und die Fähigkeit von Säuglingen, diese zu entdecken[12]. Aber selbst dort, wo die Regelsuche eigentlich erfolglos verlaufen müßte – weil Psychologen experimentell ein Stück der Welt im Labor so konstruiert haben, daß garantiert *keine* Ordnung darin ist – werden Ordnungsstrukturen konstruiert. Dies belegt zum Beispiel ein altes Experiment aus der Wahrnehmungspsychologie: In einer Matrix mit – sagen wir – 10 x 10 Glühlampen wird jede einzelne über einen Zufallsgenerator gesteuert und somit völlig regellos zum Aufleuchten gebracht. Der Betrachter aber ist weit davon entfernt, *zufällig* aufblitzende Lichter zu sehen – was er statt dessen sieht, sind bewegte Gebilde (bzw. *Gestalten*).

Die Gestaltpsychologie, eine theoretisch wie experimentell bedeutende Richtung der Psychologie in den ersten Dekaden dieses Jahrhunderts (bis zur Zerschlagung durch das Nazi-Regime), hat herausgearbeitet, wie stark unsere Erfahrung von Welt bereits auf unterster Wahrnehmungsebene aktiv organisiert ist. Wahrnehmung ist als komplexer Prozeß zu sehen, in dem Reize zu Gestalten strukturiert werden – ein Prozeß, der unter anderem durch sogenannte Gestaltgesetze beschrieben wird. Punkte auf dem Papier ordnen wir »automatisch« zu Mustern und Bildern, eine Abfolge von Tönen nehmen wir, wenn irgend möglich, als eine »Melodie« wahr, und die Einzelteile (Punkte oder Töne) erhalten innerhalb dieser Ordnungen oft eine neue und spezifische Bedeutung – beispielsweise ergibt sich so das Phänomen »Leitton« einer Melodie.

Solche Befunde gibt es in zahlreichen Varianten – auch zur Erfindung von komplexeren Ordnungsstrukturen. So können beispielsweise bewegte geometrische Figuren unter bestimmten Bedingungen den zwingenden Eindruck von typischen »sozialen Beziehungen« oder »kausalen Verursachungen« hervorrufen. Auch hierzu gibt es viele psychologische Experimente. Wir kennen dies aber im Prinzip schon von Zeichentrickfilmen, was besonders dann eindrucksvoll ist, wenn die handelnden Gestalten gar keine Tier- oder Menschenform darstellen, ja nicht einmal diesen ähnlich sind, sondern beliebige Formen haben. Auch dann entsteht trotzdem aus der Art des gemeinsamen Bewegens, des Aufeinander-Zugehens der oft zwingende Eindruck, hier handle es sich um so etwas wie »Lebewesen«, vielleicht sogar »Menschen«, die soziale Beziehungen zueinander haben.

Deutlicher kann uns die grundlegende Konstruktivität zumindest von Teilen unserer Erfahrungswelt nicht vor Augen geführt werden. Auf Details kann und muß hier nicht eingegangen werden. Aber die Beispiele belegen, daß schon auf einer sehr elementaren Ebene der Wahrnehmung, noch bevor unser Bewußtsein mit gezielten Entscheidungen eingreift, unsere Eindrücke stets als Teile einer strukturierten Erfahrungswelt aufgenommen werden. Und daß wir bei dieser Etablierung von Ordnung, bei der Verbannung des Chaos, notfalls Regeln und Regelmäßigkeiten erfinden.

Die aktive Suche nach Regelmäßigkeiten und die dabei konstruierte Organisation von »Reizen« gilt in ähnlicher Form (ohne dies hier näher ausführen zu können) für faktisch alle »Lebensregeln«. Einige der Ordnungsprinzipien sind dabei bereits im Laufe der Evolution erworben – wie etwa die Figur-Grund-Unterscheidung und andere Aspekte der Gestaltwahrnehmung. Und auch in anderen Bereichen sollte der angeborene Anteil nicht unterschätzt werden: Sprache, Sexualverhalten, bestimmtes Sozialverhalten, Panikverhalten, logisches Denken und noch viele andere Funktionen sind durch bereits in der Evolution herausgebildete strukturierende Prinzipien nicht unwesentlich beeinflußt.

Beim Menschen ist nun bedeutsam, daß er über die evolutionär-biologisch erworbenen Regeln *hinaus* diese Regeln individuell und sozial überformen und sogar völlig neue Regelbereiche erfinden kann. Diese dienen besonders der individuellen Anpassung an die persönlichen Lebensverhältnisse im engeren Sinne.

Zwischen Chaos und Ordnung

Die Etablierung von Ordnung ist somit not-wendig. Denn sie wendet die unfaßbare Not, der wir im Erlebenschaos ausgeliefert wären – wie uns die erwähnten psychotischen Einbrüche und Angstträume als nur leichte Vorstufen erahnen lassen. Daher sollten wir diese positive Seite der Ordnung durchaus würdigen: Die Reduktion eines komplexen, einmaligen Prozesses in regelhaft wiederkehrende Klassen von Phänomenen strukturiert das Chaos, ermöglicht Prognosen, reduziert damit die Unsicherheit und schafft so Verläßlichkeit. Und diese verläßliche Ordnung begleitet uns von den ersten Lebenstagen an.

Denken wir noch einmal an die Szene mit der Mutter, die das Chaos des Kindes bannt, als eine, wie Berger sich ausdrückt, Hohepriesterin der Ordnung. Sie singt, heißt es im Text, ein Schlummerlied.

Nun: Lieder sind der Inbegriff von Regelmäßigkeit – gerade Schlaf- und Abendlieder weisen einfache, wiederkehrende Tonfolgen auf. Besungen wird der aufgehende Mond, die Sternlein, das kommende Erscheinen der Sonne – also das offenbar Wiederkehrende und Prognostizierbare. Und diese Lieder und ihre Worte können vor allem immer und immer wieder in gleicher Weise wiederholt werden. Wir kennen alle die Reaktion vieler kleiner Kinder: »Ach sing mir doch noch einmal ...!« Und am liebsten sind es jene Lieder, die sie ohnehin schon tausendmal und mehr gehört haben. Aber wehe, man bringt eine Veränderung hinein! Nicht das Neue ist zur Beruhigung gefragt, sondern das, was immer und immer wiederkehrt.

Daß, genaugenommen, jeder Gesang eine Welt-Uraufführung ist – einmalig, ganz genau so noch nie dagewesen und nie wiederkehrend, wie jeder Abend und jeder Morgen und wie alles, was wir erleben – genau *dieser* Aspekt spielt keine Rolle. Sondern abstrahiert wird das Gemeinsame, das Gleiche, eben das Vertraute. Alles ist dann so sicher, so vertraut, daß man schon gar nicht mehr so genau hinhören muß und wie das Kind sanft einschlummern kann.

Doch wer jetzt in Gedanken in eine idyllische Vorstellungswelt aus Vertrautem eintaucht – so vertraut, daß man gar nicht mehr hinhören muß –, der hat die Rechnung ohne seinen Lebenspartner gemacht:

»Mensch! Du hörst mir ja gar nicht zu!« oder: »Du hörst mir gar nicht *richtig* zu!« – Wer von uns kennt diesen vorwurfsvollen Ausruf nicht ?

Und damit zeigt sich die andere Seite der Ordnungsmedaille. Eben noch wurde, als eine Art Zwischenergebnis, betont: Die Reduktion eines komplexen, einmaligen Prozesses in regelhaft wiederkehrende Klassen von Phänomenen strukturiert das Chaos, reduziert Unsicherheit, ermöglicht Prognosen und Verläßlichkeit, schafft quasi das Vertraute. Aber, so müssen wir nun ergänzen, dieser Reduktion zu allzu Vertrautem begrenzt auch die Erfahrbarkeit von *Einmaligkeit* und verschließt uns den Blick auf die kreativen Seiten des Lebensprozesses.

Im Gegensatz zur Situation, in der ein Schlaflied gesungen und das Vertraute beschworen wird, legen unsere Lebenspartner und andere Menschen in vielen Situationen nämlich durchaus Wert darauf, daß ihre Worte den Charakter von »Welt-Uraufführungen« haben. Daß wir uns wirklich darauf einlassen, was sie uns an Neuem und Einmaligem zu berichten haben, oder auch ganz einfach darauf, wie sie uns hier und jetzt gegenübertreten. Und wenn wir uns zumindest ein wenig auf diese Einmaligkeit einließen, könnte so etwas wie eine Begegnung stattfinden.

Wenn wir aber statt dessen die Worte und die Situation nur nach dem uns längst Vertrauten und Bekannten absuchen und innerlich oder äußerlich reagieren mit »Ach – das kenne ich ja schon!«, wenn wir beim dritten Wort bereits abschalten, unseren eigenen Gedanken nachhängen und gar nicht mehr auf das Neue hören, dann findet statt einer Begegnung ein Austausch von Floskeln, ein Abspulen eingefrorener Rituale statt. Und dann ist oft auch Ärger vorprogrammiert. Denn unser Gegenüber fühlt sich dann zu Recht nicht als er selbst wahrgenommen, sondern als geradezu beliebig austauschbares Objekt mißbraucht, das nur unsere eigenen Schemata in Gang setzt. Selbst auf der Ebene von Sachgesprächen, wo eine Begegnung weniger gefragt sein mag, wird erwartet, daß wir uns dem Neuen der Botschaft hinreichend zuwenden und nicht immer gleich meinen, wir wüßten sowieso, wie der angefangene Satz weitergeht und was der andere zu sagen hat.

Daß aber wohl jeder solche Situationen nur allzu gut kennt, zeigt, wie wirksam dieser Mechanismus ist, der uns die Erfahrungswelt vor allem nach Regelmäßigkeiten absuchen läßt. In der Tat ist derselbe Vorgang, der Ordnung und Sicherheit schafft – nämlich die Reduktion auf vertraute Kategorien – gleichzeitig der Totengräber für Kreativität und Veränderung. Und hier kann nun auch die unnötige, die *Zwangs*-Ordnung, beginnen. Als Erläuterung verwende ich gern ein Beispiel, das nochmals bei den Abenden und Morgenden ansetzt:

Wenn jemand sagt: »Ich bin diese Woche jeden Morgen um 7 Uhr aufgestanden, habe mit meiner Frau gefrühstückt ...«, hält er sich dabei nicht nur an die gesellschaftliche Zergliederung der Zeit in »Tage« und »Stunden« (mit einer a-biologischen Genauigkeit bzw. »Pünktlichkeit«). Vielmehr vernachlässigt er, daß die unvergleichbare Morgenröte in klarer, kalter Luft am letzten Dienstag »Morgen« ganz anders war als das einmalige Schauspiel einer nebeldurchtränkten »Morgen«-Sonne am Mittwoch und daß dies wieder etwas ganz Anderes war als die vom Glitzern der Regentropfen erstrahlte Welt am Donnerstag »Morgen« (um nur ganz wenige Aspekte der »Morgende« zu nennen).

Es geht mir in diesem Beispiel nicht um Phänomene der *Sprache*. Wir benötigen solche sprachlichen Reduktionen, vor allem im Alltag. Sie sind zweifellos wichtig, um uns schnell zu verständigen. Vielmehr geht es um die Frage, ob überhaupt mehr als eben nur kategorielle »Morgende« *wahrgenommen* und *erlebt* wurden. Oder ob zumindest – bei größerer Ruhe – mehr und anderes als solche »Morgende« erlebt werden *kann*. Und ob überhaupt bemerkt wurde, daß – trotz der Gestaltung durch die regelnde menschliche Planung – auch »das Frühstück« an »jedem Morgen« eigentlich viele unterschiedliche Details aufwies und unterschiedlich schmeckte. Und letzteres nicht nur deshalb, weil beispielsweise keine zwei Semmeln identisch sein können, sondern vielmehr auch deshalb, weil wir uns keineswegs immer identisch fühlen können und sollten, wenn wir unsere eigenen Lebensprozesse noch hinreichend wahrnehmen können. Und da unsere Wahrnehmung und die kognitive Verarbeitung wesentlich von unseren Stimmungen und Gefühlen mitbestimmt wird,[13] schmecken selbst zwei identische Semmeln eben je nach Stimmung sehr unterschiedlich.

Sofern aber das *Erleben* der möglichen Vielfalt und Komplexität *wirklich* – und das heißt: *wirksam* – auf Kategorien wie »jeden Morgen« kurz nach 7 »gefrühstückt« reduziert wird, sollte es uns eigentlich nicht wundern, wenn dann auch »jeden Abend« immer »derselbe Streit« um immer »dieselben Probleme« entsteht. Derselbe Reduktionsvorgang zu (zu) wenigen und zu (zu) starren Kategorien greift dabei dann auch bei der Strukturierung der sozialen Welt. »Immer wieder dieselbe Leier« mit dem Partner, den Kindern und anderen kann nun ablaufen. Als Therapeuten finden wir diese übermäßige Reduktion, diese Verarmung im Erleben, bei nicht wenigen Menschen, die uns gegenübersitzen. Allerdings: Wer könnte schon von sich behaupten, ihm ginge dies nicht zumindest ansatzweise – um nicht zu sagen: allzu sehr und allzu oft – ähnlich.

Die Möglichkeiten, der »Welt« zu begegnen, lassen sich unter dieser Perspektive also zwischen zwei Polen einordnen:

Auf der einen Seite, im Extrem, finden wir das Chaotische, Unvorhersagbare, Hochkomplexe. Und je mehr wir uns auf die Einmaligkeit von Prozessen einlassen, desto weniger reduziert ist auch unsere Erfahrung, die nun eher die Wahrnehmung von Neuem, Überraschendem und Kreativem zuläßt. *Aber*: desto weniger haben wir auch Kategorien zur Hand und können Prognosen aufgrund der »Regelmäßigkeiten« anstellen. Und desto eher sind wir damit der Angst vor Unberechenbarkeit und Kontrollosigkeit ausgeliefert.

Auf der anderen Seite, im Extrem, finden wir die reduktionistische Ordnung. Und je mehr wir auf dieser anderen Seite kategorisieren und Regelmäßigkeiten (er-)finden, desto planbarer, prognostizierbarer und damit sicherer wird unsere Welterfahrung. Das Chaos ist damit ge- oder gar verbannt. *Aber*: desto starrer, langweiliger, reduzierter und gleichförmiger erscheinen uns die so behandelten »Dinge«.

Die gesellschaftliche Chaos-Verbannung

Seinen jeweiligen Standort im Spannungsfeld zwischen diesen beiden Polen findet der Mensch nun natürlich nicht allein. Vielmehr wird ein werdendes Mitglied unserer Kultur immer schon in ein relativ stabiles Gefüge aus sozialen Interaktionen und materiellen Strukturen hineingeboren. Lange bevor wir die Lebensbühne betreten, sind in dem immerwährenden Spiel die Kulissen längst arrangiert und unsere Rollen durch Bündel von Erwartungen zumindest in Umrissen vorgeschrieben. Und bereits unsere allerersten Schritte auf dieser Bühne sind begleitet – um nicht zu sagen: gesteuert – von Handlungs- und Sinnanleitungen, die als Regelsysteme Komplexität reduzieren und Chaos bannen sollen.

Solche bedeutsamen Regelsysteme sind beispielsweise Sprache und Schrift. Des weiteren hat sich gerade unsere Kultur Regelmäßigkeiten über die Veränderung von Materie in Form von Gebrauchsgegenständen (im weitester Bedeutung) geschaffen. Wir brauchen nur um uns zu blicken; es ist kaum noch etwas Ursprünglich-Natürliches zu sehen, etwas, das durch den Menschen nicht bearbeitet oder zu bestimmten Zwecken verändert oder gar erst produziert wurde. Werkzeuge, Fahrzeuge, Bauten, Kleidung, Kunstgegenstände in weitester Bedeutung, Geräte zur Massenkommunikation und vieles mehr – all dies bestimmt weitestgehend unsere Sinneseindrücke.

Die möglichen Erfahrungen mit diesen Gegenständen sind nun alles andere als chaotisch. Vielmehr sind sie höchst regelhaft und geordnet. Dafür sorgt allerspätestens die Sozialisation – die Erziehung in Elternhaus, Schule, Arbeit und den anderen gesellschaftlichen Institutionen. Eine Gabel ist nicht zum Kratzen »da«, sondern mit ihr muß sehr regelhaft umgegangen werden, damit man nicht durch schlechte Manieren auffällt und eine »Nachsozialisation« in diesem Aspekt über sich ergehen lassen muß. Ebenso ist eine Füllfeder nicht zum Werfen »da« und nicht, um Essensstücke aufzuspießen – ja, in der Schule darf sie meist nicht einmal zum »Herumkrakeln« verwendet werden, sondern es müssen bestimmte, höchst regelhafte Bewegungen ausgeführt werden, die zu höchst regelhaften Zeichen führen. Die Kreativität, die meist in der *Erfindung* solcher Gegenstände steckt, dient in den meisten Fällen dazu, die Kreativität im *Umgang* mit diesen Gegenständen einzuschränken und Regelhaftigkeit zu etablieren.

Eine solche Regelhaftigkeit ermöglicht zwar auch die Freiheit, in anderen Bereichen kreativ sein zu können. So erspart der richtige und regelgerechte Gebrauch einer Füllfeder, einer Schreibmaschine oder eines Computers viel Zeit und Energie (gegenüber dem Meißel zur Keilschrift oder dem Federkiel), die man beispielsweise für die Entwicklung und Niederlegung kreativer Gedanken nutzen könnte – etwa in Form eines Gedichtes oder einer wissenschaftlichen Abhandlung. Doch bevor die durch Regeln gewonnene Freiheit zur Kreativität allzusehr überschätzt wird, möge man sich die Frage stellen, wie viele von all den Menschen, die eine Füllfeder, eine Schreibmaschine oder einen Computer verwenden, diese Geräte wirklich zum kreativen Ausdruck ihrer Persönlichkeit nutzen können und dürfen. Die meisten Menschen werden die Geräte eher im Rahmen von Tätigkeiten verwenden, in denen sie sich keineswegs selbstbestimmt fühlen, sondern eher Regeln und Zwängen unterworfen.

Neben der sinnhaft veränderten Materie bilden regelhaft gestaltete Sozialbeziehungen den zweiten große Bereich des Menschen, in dem er seine dem Chaos abgerungene Ordnung in dieser Welt etabliert. Gerade unsere modernen Gesellschaften zeichnen sich dadurch aus, daß immer mehr Bereiche, die früher der spontanen Aktivität und Initiative des Einzelnen überlassen waren, durch verbindliche Regeln planbar gemacht werden. Nicht nur die Fülle an Gesetzen und Verordnungen und die Vielfalt der von ihnen geregelten Bereiche nimmt ständig zu, sondern auch das Spektrum an Aufgaben, um das sich Vereine und ähnliche Institutionen kümmern.

Menschen, die in dieses Regelwerk nicht passen und die drohen, dort Chaos zu verbreiten – geistig und körperlich Behinderte, psychisch Kranke, Nicht-Seßhafte und andere – werden ausgegrenzt und den dafür vorgesehenen Institutionen überantwortet. Von der Säuglingskrippe und dem Kindergarten, über die Psychiatrie und Heime für Behinderte aller Art, bis hin zu den Altenpflegeheimen und bestimmten Teilstationen in Krankenhäusern, in denen die Sterbenden institutionell versorgt werden, ist das von und mit diesen Menschen drohende Chaos in die Randbereiche unserer »normalen« Lebenswelten verbannt. Diese Lebensbereiche werden im »üblichen« Alltag fast nicht mehr wahrgenommen und sind damit ebenfalls so weit als irgend möglich geregelt. Doch zumindest die Betroffenen erleben diesen Hang zum »geregelten Leben« nicht als eine gute, kreative Ordnung, sondern eher als Ausgliederung und Unterwerfung unter eine Zwangsordnung.

In diesem Sinne wird auch beim jungen Erdenbürger massiv ordnend eingegriffen. Seine hochkomplexen und oft verblüffenden, weil nicht vorhersagbaren Reaktionen werden dabei – wie Heinz v. Förster es ausdrückt[14] – *trivialisiert*: Der kleine Fritz kommt in die Schule und antwortet auf die Frage: »was ist 3x3?« vielleicht mit: »grün!« Doch diese originelle Antwort ist natürlich nicht zulässig. Also wird ihm beigebracht, auf die Frage was ist 3x3?« zuverlässig, prognostizierbar und reproduzierbar mit »9!« zu reagieren.

Freilich, das sei nicht unterschlagen, wird etwa im Rahmen der Schulausbildung – oder allgemeiner: der Sozialisation – Wissen und Verhalten auch differenziert. Aber diese Differenzierungen spielen sich stets im engen Rahmen des zulässigen Regelwerks der Gesellschaft ab. Und hier wirkt sich aus, daß speziell die abendländischen Kultur eine besonders starke Tendenz zur Reduktion und zur Ordnung in Form von Kontrolle hat. Wir werden durch diese Gesellschaft nämlich eher dazu verleitet, das Chaos nicht nur in not-wendiger Weise zu bannen, sondern uns zu sehr dem Pol der Ordnung zu nähern und damit mehr Zwänge zu etablieren als nötig sind, die Not abzuwenden. Dies hängt mit den vorherrschenden Konzepten von Ordnung zusammen.

Über »Law and Order«

Mit »Ordnung« ist in unserer Gesellschaft häufig die Vorstellung verbunden, »etwas in Ordnung zu bringen«, also Ordnung zu schaffen. Wir brauchen nur an unseren Arbeits- und Lebensbereich zu denken – Schreibtisch, Küche, Wohnung. Täglich müssen wir eingreifen, um immer wieder die sich fast von selbst ergebende Unordnung in Ordnung zu verwandeln.

Ist dies nicht auch in anderen Bereichen des Lebens unsere tägliche Erfahrung? Und hören wir nicht von führenden Vertretern unseres Staates und von vielen, die sie wählen, den Ruf nach »Law and Order«, nach Gesetz und Ordnung? Was in der Regel gleichbedeutend ist mit dem Ruf nach Instanzen, die verhindern sollen, daß Chaos entsteht und sich ausbreiten kann: klare Gesetze, Institutionen und Regeln, Polizei und andere Ordnungskräfte, die jene Ordnung von außen einführen und durch ständige Interventionen aufrechterhalten.

Rund 300 Jahre lang wurde diese Sichtweise auch von der abendländischen Wissenschaft geteilt und unterstützt. Ja, man kann diese Sichtweise sogar als ein wesentliches Leitmotiv für die Entwicklung dieser Wissenschaft bezeichnen, wie im dritten Kapitel noch ausgeführt wird. Zuvor noch, im Mittelalter, war es eher das Erkenntnisziel, die Natur zu *verstehen*, um im Einklang mit ihr zu handeln. Doch im 17. Jahrhundert kam mit der Entwicklung der experimentellen Methode, der mathematischen Analyse und der Umsetzung der gewonnenen Erkenntnisse im Bereich der Technik, ein neues Bild und Ziel wissenschaftlicher Erkenntnis auf: Es ging nun darum, die Natur zu *unterwerfen* und sie zu *beherrschen*.

Und sind nicht in der Tat die Errungenschaften der Technik deutliche Belege für die Machbarkeit und Beherrschbarkeit der Welt: Kraftmaschinen, Autos, Flugzeuge, Chemie der Kunststoffe und Biochemie für die Medizintechnologie, unser Vordringen in den Mikrokosmos in Form von Kernspaltung und Atomkraft und in den Makro-Kosmos in Form von Mondlandung und Raumsonden. – Zeigt dies nicht alles den Triumph menschlichen Geistes über die Natur?

In den Medien und den Verlautbarungen der Politiker erscheint es jedenfalls allzuoft so, als müßte man dieser Frage vorbehaltlos zustimmen. Doch inzwischen sehen immer mehr Menschen, daß das Programm klassisch-abendländischer Wissenschaft mit allen Fortschritten auch ein ungeheures Zerstörungspotential geschaffen hat. Nicht erst seit Tschernobyl und Uranschmuggel wissen wir, daß Atomreaktoren und -waffen nicht absolut sicher unter Kontrolle zu halten sind.

Die Verbannung von Krankheiten wie TBC, Cholera, Typhus hat uns keine absolute Gesundheitskontrolle gebracht, wie das rasante Anwachsen von Krebs, Herzinfarkt oder Aids zeigt. Unsere Flugzeuge sind fraglos sicherer geworden und wir beherrschen im Rahmen industrieller Produktion viele komplizierte Fertigungstechologien. Doch der Preis den wir bezahlen sind Ozonloch, Waldsterben und andere Umweltprobleme.

Inzwischen hat nun auch die Wissenschaft selbst ihr Weltbild radikal revidieren müssen. Die moderne Chaosforschung und Systemwissenschaft der letzten zwei bis drei Jahrzehnte hat, wie gesagt, den langgehegten Glauben an die grundsätzliche Berechenbarkeit »der Welt« endgültig zerstört. Als eine Konsequenz daraus mußten auch die Vorstellungen über Ordnung revidiert werden – zumindest in Kreisen der Wissenschaftler. Ohne daß hier auf die Chaosforschung selbst näher eingegangen werden kann[15], ist nämlich eines der zentralen Ergebnisse, daß bereits unspezifische Umgebungsbedingungen eines Systems ausreichen können, damit es eine ihm innere Ordnung herausbildet. Das bedeutet, diese Ordnungen sind als Möglichkeiten des Systems angelegt und werden zwar durch *Bedingungen* von außen gefördert und gewissermaßen zur Entfaltung gebracht, aber diese Ordnung wird nicht als solche von außen eingeführt.

Diese Phänomene sind für alle Arten von Lebensprozessen geradzu typisch. Zumal man – als man begann, die Welt mit anderen Augen zu sehen – plötzlich überall Vorgänge der Selbstorganisation entdeckte. Biomedizinisch gesehen sind beispielsweise Organe wie Herz, Niere, Lunge, Lymphsystem, Zentralnervensystem und andere in Aufbau und Funktion sehr fruchtbar durch Chaos- und Selbstorganisationstheorien beschrieben worden. Dasselbe gilt für psychische und kommunikative Prozesse.

Damit ist nun endlich auch innerhalb der Naturwissenschaften thematisiert, was dem überwiegenden Teil der Menschheit als alternatives Wissen immer schon gegenwärtig war. Eine Mutter, die ihr Kind unter dem Herzen trägt, ein Bauer oder auch ein Gärtner – sie alle hatten immer schon die tägliche Erfahrung davon präsent, daß die komplexe Ordnung, die sie heranwachsen sehen, eben nicht allein als Ergebnis ihrer Ordnungsmacht und Kontrolle gesehen werden kann. »Law and Order«, Gesetz und Ordnung, die Lieblingsbegriffe konservativer »Macher«, mußten sie daher immer schon ganz anders interpretieren: nämlich, daß nur im *Vertrauen* auf die Natur-»Gesetze« und in möglichst weitgehender Übereinstimmung mit ihnen jene Prozesse unterstützt werden können, die selbständig Ordnung hervorbringen oder die eine inhärente Ordnung sich entfalten lassen.

Aus dieser, am Leben orientierten Perspektive, zeigt sich eine völlig andere Konzeption von Ordnung: Hier muß man eher *vertrauen* als *machen* oder *kontrollieren*. Man kann nur Angelegtes oder bereits Vorhandenes unterstützen, weil die Ordnung sich eben selbst entfaltet – freilich unter Bedingungen, zu denen man selbst beitragen kann. Dieser letzte Aspekt wird übrigens genauer im Rahmen der sogenannten Selbstorganisations-Theorien abgehandelt.[16]

Bei der Mutter und ihrem werdenden Kind, bei Wachstumsprozessen in der Natur, bei der Entfaltung von Begabungen und bei der Frage, was wir tun müssen, damit uns der Partner liebt, fällt es uns eher leicht, die Unsinnigkeit der Kontrollideologie zu erkennen. Auch die Mutter in der Eingangsszene vermittelte ihrem Kind nicht primär: »Ich habe schon alles im Griff«, sondern: »Alles ist letztlich in Ordnung« im Sinne von: »Vertraue dem Sein und dem Werden«.

Und doch erleben wir immer wieder, wie schwer uns dieses Vertrauen fällt – selbst dann, wenn wir vernünftigerweise wissen, daß Kontrolle auch nicht weiterhilft. Als Eltern, in bezug auf die Erziehung und auf die Ausbildung unserer Kinder, als Therapeuten, die Veränderungsprozesse begleiten sollen, und in vielen ähnlichen Situationen fühlen wir uns oft überfordert, das nötige Vertrauen aufzubringen, nicht zu sehr ordnend einzugreifen, sondern uns auf die Bereitstellung guter Bedingungen zu beschränken. Wir erliegen allzu leicht der mächtigen »Law and Order«-Ideologie.

Die Erstarrung des Miteinander

Die Tendenz, bei der Bannung des Chaos durch Regelmäßigkeit und Ordnung allzusehr über das Gleichgewicht hinauszuschießen und dann Opfer einer selbst etablierten Zwangsordnung zu werden, ist für Therapeuten besonders deutlich an Familien- und Paardynamiken zu beobachten.

Vor dem allgemeinen gesellschaftlichen Hintergrund spielt die Familie nämlich bei diesen Ordnungsprozessen eine besondere Rolle. Dies steht im Zusammenhang mit der hohen Intimität und Körperlichkeit zwischen den Familienmitgliedern sowie mit den hohen Erwartungen an Geborgenheit und Sinnbestätigung in den familiären Interaktionen. Zudem laufen die Kommunikationen weitgehend von Angesicht zu Angesicht ab: Das, was die eine Person ausdrückt, ist zu einem hohen Anteil der Eindruck der jeweils anderen Person und umgekehrt – die Interaktionen werden also unmittelbar rückgekoppelt.

Damit aber gehen die familiären Interaktionen immer durch das »Nadelöhr« der Sinndeutungen der einzelnen Familienmitglieder. Und hier kann nun der Mechanismus, der oben für das Individuum geschildert wurde, voll wirksam werden – um nicht zu sagen: voll zuschlagen. Wenn die mögliche Welterfahrung über Schemata allzu stark reduziert wird und wir uns weniger dem Einmaligen, sondern dem scheinbar ständig Gleichen zuwenden, werden in unseren Beziehungen auch tatsächlich bald die immer gleichen Prozesse ablaufen.

Familien- und Paartherapeuten können nämlich oft beobachten, wie Reaktionen auf bestimmte Äußerungen einer Person sich weniger auf diese Äußerung selbst beziehen, sondern merkwürdige Regeln aufweist. Salopp könnte man sagen, daß die Äußerung der einen Person – nennen wir sie Ute – in der Wahrnehmung und Verarbeitung der anderen – sagen wir: Peter – nur noch als recht unspezifischer Auslöser wirkt, um den »inneren Film« erwarteter Bedeutungen ablaufen zu lassen.

Peter hört dann also, wie oben herausgearbeitet wurde, gar nicht mehr richtig zu. Ihm reicht schon, wenn Ute in einer bestimmten Situation den Mund aufmacht – schon weiß er, »was wieder läuft«. Jedenfalls glaubt er es zu wissen. Doch wie soll er das noch überprüfen, wenn er gar nicht mehr richtig zuhört. Worauf Peter jedenfalls reagiert, ist eher sein »innerer Film« und weniger das, was Ute wirklich sagte. Für Therapeuten ist die folgende Gesprächssequenz daher typisch: [17]

Therapeut: »Was haben Sie wahrgenommen?«
Peter: »Wie Ute mich angeguckt hat, wußte ich schon Bescheid!«
Therapeut: »Haben Sie gehört, was sie *gesagt* hat?«
Peter: »Nein, mir ist sowieso klar, was sie sagen würde, wenn sie so guckt!«

Wenn Ute nun erlebt, wie Peter sowieso auf vieles von ihr gleich reagiert, weil er ihr gar nicht richtig zuhört, wird sie sich auch weniger Mühe geben, überhaupt noch Neues zu produzieren. Dies bestätigt wiederum Peter im Zweifelsfall, daß er recht damit hatte, »daß von Ute sowieso immer nur das gleiche kommt«. Leider geht es aber nicht Peter allein so, sondern wir hätten das Ganze auch von Utes Seite aus betrachten und beginnen können. Hier wirkt somit ein Teufelskreis aus Reduktionen, bei dem jeder mitwirkt und doch gleichzeitig dem Geschehen unterworfen zu sein scheint. Diese Verquickung von Opfer- und Täterrolle ist leider typisch für viele soziale Beziehungen.

Da sich in der gemeinsamen Entwicklung eines Paares – oder der Mitglieder einer Familie – jene Deutungsmuster und Handlungen besonders gut entwickeln, die sich (im Sinne der Deutungen) gegenseitig bestätigen, können im ungünstigen Falle die Freiheitsgrade immer weiter eingeengt worden sein. Dies ergibt dann eine Konstellation, die ein Beobachter als »verkrustete Strukturen« erlebt und beschreibt: Die möglicherweise unterschiedlichen Äußerungen der Ehefrau und deren Intentionen werden alle zur Kategorie »Herummäkeln« reduziert – und *darauf* wird dann reagiert. Es gibt hier somit allzuwenige Kategorien, in denen man das Verhalten des Partners noch erfahren kann.

In solchen Familien, die in die Therapie kommen, finden Therapeuten in der Tat vor, wie das Spektrum möglicher Handlungen, deren Wahrnehmungen und gedankliche Deutungen im Laufe der Zeit auf wenige unterschiedliche Kategorien reduziert wurde. Der sich in jede Familie mit den Jahren einschleichende Grad des »längst Bekannten« ist hier sozusagen extrem gesteigert. Reagiert wird eben nicht auf das, was gesagt wurde, sondern was dies (der eigenen Überzeugung nach) *bedeutet* und was dem anderen dann als real gemeint unterstellt wird.

Damit wird ein solches Beziehungssystem oft auch unfähig, spontan auftretende Kreativität im Verhalten zur Veränderung zu nutzen – denn solche Kreativität im Handeln wird durch die Deutungskategorien wieder nivelliert.

Ferner werden die handlungsrelevanten Unterstellungen nicht auf ihren Realitätsgehalt geprüft, weil sie ja als selbsterfüllende Prophezeiung ständig durch die (reduzierten) Wahrnehmungen bestätigt werden. Da ein großer Teil dieses Prozesses nicht so bewußt ist, daß darüber (meta)-kommuniziert werden könnte, ist hier das System Familie in seiner eigenen Vernetzung aus Handlungen, Wahrnehmungen und gedanklichen Deutungen gefangen. Hier spätestens braucht die Familie Hilfe von außen.

Diese Skizze sollte verdeutlichen, wie unsere lebensnotwendige Fähigkeit, Chaos und Komplexität zu Kategorien zu reduzieren, unter ungünstigen Interaktionsbedingungen selbstverstärkend starre Muster ausbilden kann, in die jeder dann als Opfer eingebunden ist, obwohl er doch gleichzeitig auch als Täter an den Interaktionen mitwirkt. Vor dem Hintergrund einer Gesellschaft, die immer noch einer Macht- und Ordnungsideologie nachhängt, kann sowohl die Kreativität individuellen Lebens als auch die des Familienlebens erstarren.

Über die Möglichkeiten, das Chaos nun schöpferisch in der Psychotherapie – besonders auch im Rahmen der sogenannten systemischen und Familientherapie – einzusetzen, soll das folgende Kapitel handeln.

II. Schöpferisches Chaos in der Psychotherapie

Von lebenden Steinen und versteinertem Leben

Seit langer Zeit schon lag im Vorgarten des alten Mannes ein Findling. Rund und trotz unzähliger Poren erstaunlich glatt, nicht besonders groß, höchstens 20 Kilogramm schwer, unscheinbar grau, nur an manchen Stellen Andeutungen einer anthraziten Maserung. Der Vorbesitzer des Hauses hatte ihn sicher nicht gezielt in den Vorgarten gelegt, sondern vermutlich irgendwann dorthin entsorgt. Kurz: Es war kein Edelstein, nicht einmal ein edler Stein, sondern einfach ein Stein, über den es eigentlich nichts zu sagen gäbe.

Daher war der Mann auch jahrelang an ihm vorübergegangen, wenn er das Haus verließ oder wieder nach Hause kam. Bei der Umgestaltung des Vorgartens hatte er den Stein zwar bemerkt, ihn sich sogar angesehen und überlegt, ob er dort bleiben solle, in seiner ganzen Unscheinbarkeit. Aber da er auch nicht besonders störte, ließ er ihn einfach dort liegen.

Was sollte an einem solchen Stein auch schon sein, daß es sich lohnen würde, ihn zu beachten. Ein Stein ist ein Stein – der Inbegriff von etwas Unveränderlichem. Noch unveränderlicher und langweiliger, als die Planeten auf ihren Bahnen oder das Pendel einer Uhr. Diese bewegten sich zumindest, wenn auch völlig gleichmäßig, absolut berechenbar und ohne jeden Neuigkeitswert. Aber immerhin stellten sie eine Herausforderung für den Geist der Naturwissenschaftler in unterschiedlichen Kulturen und Epochen dar und wurden zeitweilig sogar zu Hauptdarstellern auf den Bühnen für Naturschauspiele deklariert. Der Findling aber lag einfach bloß da – als eine träge Masse. In der stets auf Neuigkeiten ausgerichteten Wahrneh-

mungswelt des Alten war er denn längst im Hintergrund entschwunden.

Doch dies änderte sich radikal, als der Mann sich einmal an einem wolkigen Maimorgen auf der Treppe vor seinem Haus ausruhte, und mit halb geöffneten Augen vor sich hin döste. Unbewußt und zufällig war der Findling ins Zentrum des Blickfeldes geraten. Und plötzlich trat der Stein aus dem Hintergrund hervor und begann gar zu leben: In unregelmäßigen Abständen leuchtete er in bunter Farbenpracht auf. Dieses funkelnde Schauspiel vollzog sich mal langsam von links kommend, manchmal auch von vorne rechts, dann auch wieder fast an allen Stellen des Steines gleichzeitig.

Natürlich sagte dem Alten sofort sein Verstand, daß diese unerwartete Lebendigkeit auf jeweils unterschiedliche Risse in der Wolkendecke zurückzuführen war, welche die Strahlen der Sonne für kurze Momente freigaben und dann die vom Morgentau übriggebliebenen Tröpfchen erglitzern ließen. Aber dieses Wissen störte nur wenig die Faszination des ablaufenden Schauspiels.

Für den Alten gehörte seitdem der Findling zu den Freunden, die ihr Leben mit ihm teilten. Selten ging er achtlos an dem Stein vorüber, sondern er genoß und bewunderte die Lebendigkeit der Begegnungen. Nachdem er sich auf diese erst einmal eingelassen hatte, entdeckte er fast täglich die Veränderungen, die durch die Schatten von Zweigen und Blättern umgebender Bäume hervorgerufen wurden; er entdeckte unterschiedliche Färbungen im Rhythmus der Jahreszeiten – beispielsweise die leicht grünlichen Schattierungen durch winzige Organismen im Frühjahr, die dann zeitweilig von trockenen Staubschichten im Sommer überdeckt wurden.

Noch stärker aber beeindruckte den Alten, wie der Stein seine Stimmungen mit ihm teilte: An der Art, wie sie sich begegneten, konnte er erkennen, wie es um ihn selbst stand. So, wie auch ein Musikinstrument uns oft erstaunlich ehrlich und unbestechlich mitteilt, wie wir uns fühlen. Auch wenn wir uns selbst noch so gut betrügen, meinen, wir seien ausgeruht,

Streß und Hektik des Tages hätten uns nichts ausgemacht, kündet der Klang des Instruments von den Tiefen unseres Befindens.

Als der Mann gestorben war, fanden seine Freunde in seinem Tagebuch eine Eintragung aus letzter Zeit. »So lange ich lebe«, hieß es darin, »wird, so hoffe ich, auch dieser Findling mit mir leben. Wenn ich mich je wieder seinem Schauspiel, seiner stets einmaligen Veränderlichkeit, seinen lebendigen Mitteilungen verschließe, dann, so weiß ich, ist mein Leben versteinert, habe ich aufgegeben, am Leben als etwas stets Schöpferischem teilzuhaben. Dann, so wünsche ich mir, sollte auch mein physisches Leben nicht weitergehen«. Und seine Freunde verstanden, warum der Mann trotz seines hohen Alters und einiger Gebrechen bis zuletzt eine tiefe Lebendigkeit ausgestrahlt hatte.

Sie nahmen den Findling und legten ihn auf sein Grab, als ein Symbol des Lebens.

*

Von allen Reduktions- und Kategorisierungsmechanismen, mit denen wir der Einmaligkeit der »geschehenden Welt« Regelmäßigkeiten abtrotzen, ist in unserer Gesellschaft wohl am meisten die sogenannte *Verdinglichung* verbreitet: Unter Verdinglichung wird verstanden, daß wir Prozessen und Phänomenen, die durch Akte der Erkenntnis und Sprache von uns erst geschaffen wurden, dann faktisch wie »Dingen« gegenübertreten und sie als etwas An-sich-Seiendes behandeln. Unsere Patienten *haben* dann eine Schizophrenie und unsere Kinder *haben* Verhaltensstörungen – wie feststehende Eigenschaften. Damit haben wir dann, so dünkt es uns, auch viel weniger zu tun, als wenn die Formulierung: »Unsere Kinder *verhalten* sich gestört« Fragen aufwirft wie: »Wann und unter welchen Bedingungen?«

Dinge, Schicksalsschläge, Persönlichkeitseigenschaften der anderen Menschen, womöglich noch »vererbte«, haben gemeinsam, daß wir sie als etwas ansehen, was zur »Umwelt« gehört. Damit schaffen wir erst einmal Distanz zu ihnen – wir haben höchstens bedingt etwas damit zu tun. Und verändern läßt sich dann auch nicht so leicht etwas. Wir nehmen es hin, versuchen vielleicht, Möglichkeiten zur »Bewältigung« zu finden – wie eine neuerdings viel gebrauchte Vokabel heißt. Die Dinge sind eben nun einmal so, wie sie sind! Oder doch nicht?

Nicht die Dinge selbst, sondern die Meinungen darüber beunruhigen den Menschen, betonte nämlich schon in der Spätantike der römische Stoiker Epiktet. Und wenn wir dem Tenor des ersten Kapitels folgen, dann ist es sogar nur unsere Abstraktion und Reduktion, die so etwas wie Dinge, etwas in einem Zeitraum Konstantes, entstehen läßt. Weder Morgende noch Abende »sind« einfach so. Selbst ein Stein, Inbegriff des Toten, Unveränderlichen, ist eine Abstraktion. Statt einen toten Gegenstand können wir etwas höchst Lebendiges und Veränderliches erfahren, wenn wir uns auf die vielen unterschiedlichen Wahrnehmungen einlassen, und sie nicht einfach als Wiederkehr des sattsam bekannten Dinges »Stein« informationell abhaken.

Die Dynamik von Opfern und Tätern

Doch statt der Entfaltung von Lebendigkeit in unserem Erleben geschieht oft das Gegenteil: Unsere Wahrnehmungen und Erfahrungen lassen vieles im wahrsten Sinne versteinern. Und das gilt nicht nur für Erfahrungen mit dem, was wir anfassen können, sondern auch für unsere Erfahrungen mit Beziehungen. Die Art, wie wir unsere Lebenswelt gestalten, erschafft dann nicht nur allzu feste und wenig veränderliche Gestalten, sondern diese Gestalten treten uns als etwas entgegen, das quasi von außen auf uns zukommt. Und besonders wenn uns das Gestaltete nicht gefällt, wir darunter leiden, verleugnen wir gern die Täterschaft und fühlen uns als Opfer dieser Gestalten.

Ein oft zitiertes typisches Beispiel für eine solche Täter-Opfer-Dynamik in der Partnerschaft handelt von der Frau, die nörgelt, und ihrem Mann, der sich zurückzieht.[18] Ein unparteiischer Beobachter dieses Paares wird einfach eine Abfolge von Nörgeln, Zurückziehen, Nörgeln, Zurückziehen finden und so weiter. Die Frau aber erklärt, sie nörgle nur deswegen, *weil* der Mann sich ständig zurückziehe, statt für sie und die Familie dazusein. Der Mann hingegen beteuert, er ziehe sich nur deswegen zurück, *weil* seine Frau ewig herumnörgle und er das nicht mehr ertragen könne. Beide sehen sich in ihren Beschreibungsgeschichten als Opfer, schieben dem anderen die Schuld zu und fühlen sich selbst unfähig, etwas zu ändern. Da ist es dann auch nicht weit zu noch dinghafteren Erklärungen: »Du *bist* ein Nörgler« und: »Du *bist* ein Alleingänger«. Und der Griff zur genetischen Ausstattung – oder zumindest zur »verfehlten elterlichen Erziehung« – als erklärender Teil dieser Geschichten – liegt auf der Hand.

Während wir aber bei den Kategorien »Morgen« und »Abend« Prozesse weitgehend intersubjektiv übereinstimmend zerschneiden, wird bei »Nörgler« und »Alleingänger« je nach Sichtweise die beschriebene Abfolge unterschiedlich zerschnitten, nämlich in »Zurückziehen ⇨ Nörgeln« und »Nörgeln ⇨ Zurückziehen«. Leider stimmen beide Partner – wie Therapeuten in zahllosen Varianten dieses Schemas bei ihren Ratsuchenden finden können – darin überein, daß ihre Sichtweise und die erzählte Geschichte jeweils die richtige und einzige sei. Bemerkenswert ist auch, daß beide eine Opfer-Perspektive und -Geschichte wählen. Damit ist dieser Prozeß in seiner Struktur nun wirklich wie versteinert: Die Abfolge kann ständig so weitergehen und mit jeder erlebten Wiederholung derselben Erfahrung wird die jeweilige Sicht über die Charaktereigenschaften des Partners und die Geschichte des Dramas nur bestätigt.

Dabei wären zu den beiden Opfer-Geschichten genausogut zwei Täter-Geschichten denkbar: Die Frau nörgelt, *damit* der Mann sich zurückzieht, und der Mann zieht sich zurück, *damit* die Frau nörgelt. Diese zweite Variante mag zunächst ungewöhnlich erscheinen. Täter-Geschichten sind in unserer Gesellschaft weder üblich noch beliebt. Unsere Alltagserfahrung (und noch viel mehr klinische Erfahrung) läßt uns aber leicht Motive für gezieltes Täter-Handeln finden: So könnte dem Mann das Nörgeln durchaus als ein willkommener Vorwand dafür dienen, seine eigenen Interessen und Wege nicht aus Rücksicht auf die Familie einschränken zu müssen. Und die Frau könnte ebenfalls Nutzen daraus ziehen, sich im sozialen Umfeld für ihren »asozialen Alleingänger« bedauern zu lassen oder leichter eine Distanz zu ihrem Mann und dessen Wünsche an sie zu schaffen (um nur wenige mögliche Aspekte zu nennen).

Dort, wo der »Täter«-Anteil gegenüber dem »Opfer«-Anteil in dem erstarrten Kreislauf bewußter ist, würden Therapeuten größere Chancen zur Veränderung sehen, da subjektiv *gewollte Aktionen* leichter veränderbar erscheinen als subjektiv erlebte *Reaktionen*. Das, was vorher allein der »Umwelt« zugeordnet wurde, nämlich eine Verhaltens- (oder gar: Charakter-)Eigenschaft des Partners, wird nun zu mehr oder minder großen Anteilen dem eigenen Verhalten zugeordnet und damit prinzipiell auch als entscheidbar und veränderbar verstanden (es sei denn, man führt über Reduktionen wie: »So bin ich nun mal. Das ist mein Charakter. Da kann man nichts machen!« eine neue »Umwelt« für das Verhalten ein, nämlich eine biologisch-genetische).

Natürlich wäre es in diesem Beispiel noch angemessener, die systemische Verstrickung zwischen beiden Verhaltensweisen zu erkennen, also aus der erlebten und subjektiv wahrgenommen Ursache-Wirkungs-Verknüpfung zwischen »Nörgeln« und »Zurückziehen« herauszutreten. Mit der Perspektive eines neutralen Beobachters könnten dann beide Sichtweisen zu einem Gesamtzusammenhang zusammengefügt werden. Die »Regel« wäre durchschaut und könnte daher auch verändert werden. Doch dieses Heraustreten aus dem Eingebundensein in die einseitig erlebten Vorgänge und das Einnehmen einer Sichtweise »von außen«, als neutraler Beobachter, ist für reale Paar- und Familiendynamiken kaum möglich: Die Zusammenhänge sind nämlich häufig komplexer als in diesem einfachen Beispiel. Zudem erschwert die emotionale Eingebundenheit zusätzlich den Abstand zum Geschehen, besonders dann, wenn es als schmerzhaft erlebt wird.

Für verstrickte Interaktionspartner, die ohne fremde Hilfe eine Änderung versuchen möchten, ist der Rat, mit einer neutralen Beobachter-Perspektive aus der Situation herauszutreten, daher wenig brauchbar. Leichter kann es gelingen, einmal die Täter-Perspektive einzunehmen. Und sei es auch zunächst einmal nur widerwillig, halbherzig und probehalber. Die Leitfrage (bzw. Lei*d*frage!) dabei lautet: »Was trage ich selbst zu dem Geschehen bei, unter dem ich leide?« – vielleicht ergänzt um die Hilfsfrage: »Was müßte ich tun, damit der/die andere(n) das, worunter ich leide, ebenfalls noch mehr tun?« Diese Fragen – in persönlichen und situationell angepaßten Abwandlungen – können aus meiner Erfahrung große Veränderungen einleiten.

Keine soziale Realität kann »objektiv« härter und keine Beziehung versteinerter sein, als der Findling im Eingangsmotiv dieses Kapitels. Wir dürfen davon ausgehen, daß der Findling, objektiv physikalisch, nicht darauf reagiert, wie man sich ihm gegenüber verhält (sofern man nicht physisch auf ihn einwirkt). Und doch begann selbst der Stein sich in der Erlebenswelt des alten Mannes zu verändern und wurde lebendig, als dieser ihn aus der Umwelt-Objektivität in seine Erfahrungswelt übergeführt und die Täterschaft für seine Erfahrungen übernommen hatte. Noch viel mehr ließen sich versteinerte Beziehungsmuster wieder verflüssigen und verlebendigen. Denn im Gegensatz zum Stein reagieren Menschen gewöhnlich darauf, wenn wir ihnen in einer neuen Haltung begegnen, wenn wir bereit sind, sie und ihr Handeln neu zu erleben, oder zumindest aufmerksamer für die Einmaligkeit in jeder noch so scheinbar bekannten Situation zu sein.

Doch eine Veränderung ohne fremde Hilfe gelingt freilich nicht immer. In einer gesellschaftlichen Umgebung, die ohnedies eher Regeln, Ordnungen und Verdinglichungen unterstützt, kann aufgrund unterschiedlicher Belastungen und Entwicklungen eine Beziehung in ihren Interaktionsprozessen so erstarrt sein, daß neue Sichtweisen viel zu schmerzlich erscheinen. Und je schmerzvoller und angstbesetzter neue Erfahrungen beurteilt werden, desto eher wird man zur Ordnung, zum Gewohnten, Zuflucht nehmen. Wie im letzten Kapitel geschildert, behindert man sich nun gegenseitig darin, Veränderungen zu erleben und durchzuführen. Hier bedarf es dann tatsächlich eines Beobachters von außen – sei es ein Freund oder ein professioneller Helfer (der leichter die Neutralität wahren kann und dessen Blick für solche Zusammenhänge aufgrund seiner Ausbildung und Erfahrungen meist geschärfter sein wird).

Die Perspektive der systemischen Therapie

Die gegenseitigen Behinderungen in den Veränderungsmöglichkeiten, war auch ein wesentlicher Grund für den Beginn der Familientherapie vor rund einem halben Jahrhundert. Virginia Satir, die als eine der Gründerpersönlichkeiten der System- und Familientherapie gilt, hat oft erzählt, wie sie zur Familientherapie kam.

Sie begann um 1950 mit Jugendlichen zu arbeiten, die als schizophren diagnostiziert waren. Mit »schizophren« wird ein Spektrum an Symptomen bezeichnet, das durch völlige »Verrücktheit« aus der üblichen Alltagswirklichkeit gekennzeichnet ist. Hierzu gehören typischerweise Halluzinationen, Wahnvorstellungen, weitgehende Unansprechbarkeit, Gefühle der Veränderung der Welt und der eigenen Person. Häufig treten solche Symptome aber nur in begrenzten Phasen auf, dazwischen liegen andere Phasen weitgehend oder vollständig normalen Verhaltens.

Für Menschen mit solchen Problemen gab es bis nach dem Zweiten Weltkrieg kaum therapeutische Konzepte, da die klassische Psychoanalyse nach Sigmund Freud diese Symptome für ihre Art der therapeutischen Behandlung als nicht geeignet erklärte. Der Ansatz unter dem Satir – und andere – sich um 1950 verstärkt solchen Menschen zuwandten, war denn auch eher durch eine *sozialarbeiterische* Perspektive gekennzeichnet. Es ging in der Arbeit darum, daß die Patienten lernen sollten, möglichst viele Bereiche des alltäglichen Lebens in die eigene Hand zu nehmen.

Satir berichtet nun, daß immer, wenn sie den Eindruck hatte, mit ihren Jugendlichen ein kleines Stück auf diesem Weg vorangekommen zu sein, diese von verstärkten Problemen und Konflikten mit ihren Eltern berichteten. Ebenso berichteten die Eltern, wenn sie mit diesen eher zufällig sprach, daß die Jugendlichen »überhaupt keine gute Entwicklung« machen würden. Vielmehr seien sie seit der Behandlung verstärkt aufsässig, unfreundlich, und weniger kooperativ, nachdem sie sich zuvor sehr umgänglich, freundlich und zuvorkommend verhalten hätten. Diese Veränderung sahen die Eltern zudem oft als

Anzeichen für eine Verschlechterung oder Verschlimmerung der Krankheit an.

Von außen beschrieben könnte man sagen, daß erste Schritte von Veränderungen, die Satir und die Jugendlichen als positiv ansahen, von deren Eltern eher als negativ erlebt wurden. Daher steuerten diese massiv dagegen, um die wahrgenommene Verschlechterung aufzuhalten. Für die Therapeutin hingegen sah dies so aus, als würden die Eltern die Therapie und den therapeutischen Fortschritt unterlaufen und boykottieren.

Da also offenbar die Eltern, und gegebenenfalls auch die Geschwister, ohnedies massiv in den Therapieprozeß involviert waren, und da zudem in nicht wenigen Fällen sogar ein Abbruch der Arbeit drohte, fing Satir an, konsequenterweise gleich die Eltern beziehungsweise die ganze Familie in die Therapie mit einzuladen.

Unabhängig von Satirs Arbeit, aber aufgrund ähnlicher Erfahrungen, begannen zu dieser Zeit auch andere Therapeuten in den USA, Familien mit in die Therapie einzubeziehen.[19] Der entscheidende gemeinsame Aspekt der im einzelnen recht unterschiedlichen familientherapeutischen Arbeit war dabei die Erkenntnis, daß Veränderungen eines Familienmitgliedes eben nicht unabhängig von dem übrigen familiären Geschehen zu sehen sind. Typische Interaktionsmuster in der Familie schienen jede Art von Verbesserung aus Sicht der Therapeuten eher zu verhindern.

So sehr auch alle Beteiligten eigentlich Gutes für einander und eine Veränderung der Probleme wollen, können sich die Interaktionsregeln über die Jahre doch so stabilisiert haben, daß eine plötzliche Änderung oft keineswegs als Erleichterung empfunden wird, sondern vielmehr als Bedrohung des status quo.

Auch wenn daher alle Beteiligen unter bestimmten Krankheiten, Verhaltensweisen oder Symptomen leiden, so hat man doch über die Jahre Wege gefunden, mit der typischen Art der Dynamik zu leben. Eine Veränderung ist dann zunächst einmal etwas, das mehr Unsicherheit schafft. Das Vertraute soll aufgegeben werden – und das mit einer vielleicht nur vagen Hoffnung, daß am Ende wirklich etwas Besseres dabei herauskommt. Viel realer erscheint da die Furcht, daß am Ende vielleicht etwas noch Schlimmeres stehen könnte. Diese Furcht ist in der Tat insofern real, als der status quo meist eine gewisse Verbesserung und Erleichterung gegenüber noch schlimmeren Erfahrungen in der Lebens- und Krankengeschichte darstellt. Darüber hinaus hat jede Krankheit, haben alle Probleme und Symptome, eben nicht für *alle* Beteiligten *ausschließlich negative* Aspekte.

Nehmen wir das Beispiel eines chronisch kranken Kindes – etwa ein Kind mit schwerem Asthma: Es hat vielleicht mehrere Male im Monat eine Anfall, bei dem es fast zu ersticken droht. Über die täglichen Medikamente hinaus muß es dann noch spezielle Medikamente für diese Notfälle nehmen.

Für die Eltern, die solche lebensbedrohlichen Attacken miterleben müssen, wie für das Kind, das sie am eigenen Leibe erleidet, stellt dies eine schlimme Belastung dar. Es ist daher nur allzu verständlich, wenn Eltern dann alles versuchen werden, um dieses Kind zu behüten und ihm ein Stück der schweren Lebenslast abzunehmen. So können sie ihm vielleicht auch zeigen: Wir tragen mit dir!

Bei aller Belastung kann die gemeinsame Fürsorge der Eltern durchaus auch einige positive Aspekte für sie haben. Vielleicht können sie gerade durch diese Fürsorge ein Stück *Gemeinsamkeit* besonders stark erleben. Dies kann sogar von eigenen Sorgen und Beziehungsproblemen ablenken und der Partnerschaft einen unhinterfragbaren Sinn verleihen.

Auch das Kind wird diese Behütung und Extra-Zuwendungen meist gerne annehmen. Es mag darin eine gewisse Entschädigung für vieles sehen, worauf es im

Alltag verzichten muß: bestimmte Sportaktivitäten mit Freunden, unbeschwertes, zeitvergessenes Herumtollen sowie manches andere, dem die Disziplin der regelmäßigen Medikamentennahme und die Handhabung der Inhaliergeräte im Wege steht. Da kann es etwas mehr Fürsorge und Zuwendung gut gebrauchen.

Das ist die gute Seite der Interaktion. Die Kehrseite aber ist, daß Behütung und Fürsorge allzu leicht auch zuviel werden können, wie die Praxis zeigt.

Das Kind wird dann unselbständiger, als es sein müßte. Dies kann beispielsweise den Sozialkontakt zu Gleichaltrigen erschweren. Auch besteht die Gefahr, daß es lernt, die Krankheit mehr oder minder bewußt vorzuschieben, wenn es einmal aus anderen Gründen in eine unangenehme Lage kommt und gefordert wird – etwa wenn es Angst vor einer Klassenarbeit hat, weil es schlicht faul war. Gegenüber den Geschwistern kann es sich zudem über die Krankheit bei den Eltern eine extra Portion Zuwendung sichern, statt zu lernen, sich der üblichen Rivalität zu stellen und sich anders durchzusetzen.

Die Psychologie spricht in solchen Zusammenhängen vom »sekundären Krankheitsgewinn«. Doch der Begriff »Gewinn« ist natürlich trügerisch: Denn wenn das Kind lernt, die Krankheit zur Erreichung von Zielen einzusetzen, so tut es dies ja keineswegs souverän, bewußt und distanziert. Vielmehr ist es in dieses Geschehen mit eingeflochten, leidet ebenso unter den »Kehrseiten«, und die »eingesetzten« Symptome können durchaus ernsten Charakter annehmen. Es ist also mindestens ebenso Opfer wie Täter.

Diese wenigen Aspekte mögen genügen, um deutlich zu machen, daß selbst eine so schwere Krankheit wie Asthma in der Vielfalt menschlicher Erwartungen, Wünsche, Lebensbilder, die jeder an sich selbst und andere hat, Anteile haben kann, die das Familienleben und dieses Erwartungsspektrum scheinbar positiv beeinflussen. Diese

Anteile haben einen *funktionalen* Wert für die Struktur der familiären Interaktionen und können die Symptomatik daher noch verstärken oder sich Veränderungen eher in den Weg stellen. Zusätzlich kann diese Dynamik weitere Probleme aufwerfen, die eben als »Kehrseite« skizziert wurden.

Wenn nun schon Asthma, das fraglos eine starke körperlich-biomedizinische Seite hat, so stark von interaktiver Dynamik begleitet und beeinflußt wird, kann man sich leicht vorstellen, daß bei sogenannten »Verhaltensstörungen« die Verknüpfung von Symptomen mit den familiären Interaktionen noch viel stärker zum Tragen kommt. Ähnlich, wie auch die Symptome einer psychischen »Krankheit« – etwa einer diagnostizierten Schizophrenie – mit familiären Vorstellungen, Wünschen und Bewertungen, einen kaum trennbaren Gesamtkomplex bilden.

Denn *welches* Verhalten eines jugendlichen »Schizophrenen« beispielsweise eher eine *Verbesserung* darstellt und welches eher eine *Verschlechterung,* ist nicht so einfach auszumachen. Vielmehr obliegt dies in hohem Maße der Interpretation aller Beteiligten. Und auch beim bestem Willen der beteiligten Familienangehörigen können deren Vorstellungen und die damit verbundenen Interpretationen eben oft weniger hilfreich für Veränderungen sein und diese eher blockieren

Daher war auch die Entscheidung von Satir und anderen konsequent, die Familien in die Therapie mit einzubeziehen, also daran zu arbeiten, daß *faktische* Veränderungen auf der *Handlungsebene* einher gehen mit einer Veränderung der *Bedeutungen* und *Vorstellungen* sowie mit deren Eingebundenheit in die familiären Interaktionsmuster.

Die allzu einfache Ordnung der Systemiker

Wenn man sich nun das erste Vierteljahrhundert dieser Entwicklung der Familientherapie ansieht – also etwa von 1950 bis Mitte der 70er Jahre –, so steht vor allem die starke Verbreitung dieses Ansatzes in den USA und dann auch in Europa und Deutschland im Zentrum. Es ging dabei primär um die Herausarbeitung eines breiten Spektrums an wirksamen therapeutischen Interventionen – kurz: diese Entwicklung war vor allem durch die Erprobung, Entfaltung und Ausdifferenzierung therapeutischer *Praxis* gekennzeichnet. Die *theoretischen* Konzepte und Erklärungen dieser bald blühenden Praxis hinkten der Entwicklung stark hinterher. Sie hatten oft zunächst den Charakter von Ad-hoc-Erklärungen oder waren an klassischen Vorstellungen orientiert.

So wurde beispielsweise häufig beobachtet, daß in Familien mit einem schizophrenen Kind merkwürdige Interaktionsmuster zu finden sind. Dies hatten übrigens Therapeuten auch schon vor 1950 – also vor dem Beginn der Familientherapie – als bemerkenswert beschrieben. Besonders auffällig sind dabei Unklarheiten und Inkonsistenzen in den Aussagen und den emotionellen Interaktionen. Beispielsweise wird in der Literatur eine Episode als typisch angeführt, in der eine Mutter ihren Sohn in der Klinik besucht und dieser auf sie zugeht, um sie zu umarmen. Die Mutter erstarrt daraufhin sichtlich. Der Sohn, sensibel, hält inne und tritt einen Schritt zurück. Daraufhin sagt die Mutter: »Warum umarmst du mich nicht? Hast du denn deine Mutter nicht mehr lieb?« Es geht also um eine starke Ambivalenz der Gefühle und der damit verbundenen Handlungen: Gleich, was der Sohn macht, es scheint immer unangemessen zu sein.

Aus der Fülle solcher Beobachtungen und Beschreibungen entwickelte man anfänglich das Konzept der

»schizophrenogenen Mutter« das heißt einer Mutter, die durch ihre Art der Interaktion mit dem Kind dieses schizophren »macht«.

In einer vielbeachteten Arbeit von Bateson u.a. (1956[20]) wurde Schizophrenie allgemein auf der Basis kommunikativer Muster erklärt, nämlich als »die einzige mögliche Reaktion auf einen absurden und unhaltbaren zwischenmenschlichen Kontext«. Später sprach man etwas abgeschwächt von der »schizophrenen Familie« wie auch von der »psychosomatischen Familie« oder der »Alkoholiker-Familie«.

Das Problem solcher Konzepte und Begrifflichkeiten ist, daß damit mehr oder minder direkt an die Mutter oder zumindest an die Familie Schuldzuweisungen erfolgen. Diese sind aber nicht nur ethisch fragwürdig, sondern auch theoretisch keineswegs haltbar. Denn ob die Beeinträchtigungen und Krankheiten tatsächlich als Folge solcher Interaktionsmuster entstehen, oder ob die Interaktionsmuster nicht *umgekehrt* eine Folge aus der Krankheit, den Erfahrungen und dem Umgang mit ihr sind, kann man nicht sagen. Schon gar nicht aus einer Beobachtung im nachhinein.

Wie bei allen Reduktionen sind sicher *beide* Erklärungsrichtungen in ihrer Einseitigkeit falsch. Vielmehr haben sich sowohl die Krankheitssymptome als auch die Interaktionsmuster im Laufe der Jahre herausgebildet. Es ist daher sinnvoll, von einer Koevolution der Muster auszugehen.

Mindestens genau so wichtig wie die Mängel in der theoretischen Begründung solcher Schuldzuweisungen ist deren faktische Unbrauchbarkeit für die therapeutische Praxis: Das Rad der Zeit läßt sich sowieso nicht zurückdrehen; und es ist wenig fruchtbar, wenn man jene Personen, die man zur Mitarbeit gewinnen möchte – eben die Eltern und andere Familienangehörige – direkt oder auch nur indirekt durch eine ungeschickte Begrifflichkeit beschuldigt, das leidvolle Geschehen mit verursacht zu haben.

Aus diesen Gründen dachte man zunehmend weniger über irgendwelche interaktiven »Ursachen« nach, sondern begann sich darauf zu konzentrieren, wie man konkret hilfreich mit den Interaktionsmustern einer Familie umgehen und diese verändern könne. Die zugrundeliegende Überlegung war grob skizziert folgende:

Wenn die Beeinträchtigungen, derentwegen die Familie in die Therapie kam – zum Beispiel Schizophrenie-Symptome bei einem Mitglied –, wirklich als *Erscheinungsbild* von familiären Kommunikationsstrukturen verstanden werden können (oder zumindest durch diese Strukturen aufrechterhalten werden), müßte eine Veränderung oder Zerstörung dieser Strukturen eine Besserung zur Folge haben. Dabei muß man sich noch nicht einmal die Mühe machen, genau analytisch zu erfassen, *welche* Struktur es war, die man zerstörte.

Eine »Krankheit« wie beispielsweise »Anorexia nervosa« (Magersucht) muß also nicht unbedingt als »*endogene* Appetitlosigkeit« beschrieben werden, wie wir es noch in einem Medizinlexikon von 1984 finden[21]. Vielmehr kann sie auch über Interaktionsstrukturen beschrieben und begriffen werden. Zumal zahlreiche Familientherapien gezeigt haben, daß das Symptom verschwand, als man eine Änderung dieser Interaktionsstrukturen – man spricht auch von »Familienregeln« – bewirkt hatte (und das sogar oft in wenigen Sitzungen).

Tatsächlich wurde in der systemtherapeutischen Literatur der 70er und noch 80er Jahre der wesentliche Fortschritt oft darin gesehen, daß sich die Betrachtungsweise für psychopathologische und psychotherapeutische Prozesse vom »Individuum« auf »die Familie« verschoben hat. Psychische Krankheiten, einschließlich vieler sogenannter psychosomatischer Störungen, wurden in vielen anderen Ansätzen als vorwiegend individuelle Angelegenheiten gesehen und behandelt. Und man führte sie dort auf »Ursachen« zurück wie etwa »innere Konflikte«, »Lernen«, »irrationales Denken«. Im systemtherapeutischen Ansatz wurden diese Phänomene hingegen primär im Hinblick auf ihren Stellenwert und ihre Funktion in sozialen Interaktionsprozessen analysiert. Wobei dem »System Familie« eine zentrale Rolle beigemessen wurde, weil dort Erwartungen an Geborgenheit und Sinnbestätigung besonders hoch sind, wie schon im ersten Kapitel betont wurde.

Dabei herrschte bis in die 80er Jahre eine Sicht vor, die durch die sogenannte *Kybernetik 1. Ordnung* gekennzeichnet ist. Mit Kybernetik bezeichnet man eine klassische systemtheoretische Sicht, die anhand technischer Regelkreise entwickelt wurde. Ein typisches Beispiel ist die Zentralheizung, die einen Thermostaten als Meßfühler besitzt. Dieser öffnet das Heizungsventil immer dann, wenn es zu kalt wird, wenn also eine Abweichung vom Soll-Wert vorliegt, der am Regler eingestellt wurde.

Die Kybernetik 1. Ordnung beschrieb nun menschliche Interaktionen in Anlehnung an solche Regelkreise: Führende Therapeuten-Teams, wie etwa die Mailänder um Mara Selvini Palazzoli, die auch in Deutschland großen Einfluß hatten, verstanden die Familiendynamik vor allem von einer Außenperspektive her. Sie sprachen von »Manövern« und »Strategien«, die es zu »durchkreuzen« gelte. Und sie intervenierten auch von außen: Sie taten so, als könnten sie an »Reglern« drehen, ohne daß sie selbst darin einbezogen wären. Sie mißachteten dabei, was wir mehrfach als einen (wenn nicht *den*) wesentlichen Aspekte der Systemtheorie gekennzeichnet haben: nämlich die Rückkopplung – zumindest was sie selbst betraf.

Insgesamt hat diese Sicht- und Zugangsweise, nämlich das Geschehen auf der Ebene von Interaktionen und deren Regelhaftigkeit zu beschreiben, das Spektrum klinischer Erkenntnis und therapeutischer Handlungskompetenzen in wesentlichen Aspekten bereichert. Gleichwohl wurde dabei das Kind mit dem Bade ausgeschüttet. Man könnte auch sagen: Der Familientherapie-Debatte jener Jahre ist der Mensch mit seinem Bedürfnis, seine Welt sinnhaft zu gestalten, und sich als personales Selbst in sozialen Beziehungen auszudrücken und einzubringen, durch das Analyse-Netz der abstrakten Interaktions-Strukturen gerutscht.

Als explizite Gegenbewegung zu dieser Einseitigkeit habe ich vor mehr als einem Jahrzehnt mit der Entwicklung einer Konzeption begonnen, die die Bezeichnung »*person*zentrierte Systemtheorie« trägt. Darin wird für das Verständnis von Interaktionsmustern als wichtig erachtet, daß alle Interaktionen durch das Nadelöhr individueller Verstehensprozesse und Sinndeutungen gehen müssen. Denn nur hier können unsere Chaos-Bewältigungs-Programme zu einer Reduktion der Erlebens- und damit auch der faktischen Interaktionskategorien führen. Die personzentrierte Systemtheorie setzt also im Kern bei dem Dilemma an, das im ersten Kapitel herausgearbeitet wurde: Unsere lebensnotwendige Fähigkeit, Chaos und Komplexität zu Kategorien zu reduzieren, kann unter ungünstigen Interaktionsbedingungen selbstorganisiert und selbstverstärkend starre Muster ausbilden, in die jeder als Opfer eingebunden ist, obwohl er doch gleichzeitig auch als Täter an den Interaktionen mitwirkt. Die noch in den 80er Jahren getroffene Aussage: »Bei der systemischen Erkundung gilt die innere Struktur der einzelnen und für sich bestehenden Einheit als irrelevant«[22] ist daher zumindest kurzsichtig. Ohne individuelle Erinnerung, ohne die beschriebenen Kategorisierungen wäre jede Situation auch im Erleben einmalig – und damit gäbe es auch keine Interaktionsmuster, die ja die Wiederholung von etwas voraussetzen. Ein systemisches Verständnis von Interaktionsprozessen macht daher die Berücksichtigung der inneren Struktur erforderlich.

Dieser Beschreibung würden wohl inzwischen die meisten System- und Familientherapeuten grundsätzlich zustimmen. Das bedeutet, daß der große Stellenwert, den die *Person* und persönliche Sinndeutungen für die Entstehung und Stabilisierung von Interaktionsmustern haben, nun allgemein im Rahmen der *Kybernetik 2. Ordnung* wiederentdeckt wird. Die Sichtweise veränderte sich dabei von der *Intervention »von außen«* zur *gemeinsamen Konversation* über eben solche Sinndeutungen in Form von Problemen, Lösungsmöglichkeiten, Erklärungen. Es geriert somit zunehmend ins Bewußtsein von Therapeuten, daß Sinndeutungen, verwoben zu Geschichten, so etwas wie Realität aufbauen und daß Therapeuten in die Geschichten und ihre Veränderungen eingewoben sind.

Durch den Einfluß dieser neueren Entwicklungen[23] wird für den Therapeuten immer weniger wichtig, eine Kompetenz zur *inhaltlichen Analyse* eines Problems oder eines Interaktionsmusters zu haben. Vielmehr geht es um eine Kompetenz für den *Prozeß der Veränderung* der Geschichten über »Ursachen« und Zusammenhänge der Probleme. Das heißt, Fachleute für die Inhalte der Probleme sind die Patienten, Paare und Familien selbst. Die Therapeuten sind hingegen die Fachleute für die Art der Konversation – für die Art der Geschichten, die hier erzählt werden, und wie diese modifiziert werden können. Bei diesem Prozeß sollen möglichst Geschichten, welche die Wahrnehmungs- und Erfahrungsmöglichkeiten eher einengen, die kaum mehr Handlungsalternativen ermöglichen, die immer und immer zum selben führen, so verändert werden, daß sie neue Ideen, Perspektiven sowie Sicht- und Handlungsmöglichkeiten eröffnen.

Wie im ersten Kapitel beschrieben wurde und wie wir bei einzelnen Menschen, bei Paaren und Familien in der Therapie beobachten, sind viele Menschen Opfer ihrer allzu festgefahrenen Vorstellungen darüber, was richtig und falsch oder was krank und gesund ist. Es gibt versteinerte Erwartungskategorien, wie der Partner »eigentlich« reagieren sollte, was er »wirklich« meint, wenn er jenes sagt oder tut. Kurz: jene kognitiven Mechanismen zur Reduktion von Lebens- und Erlebensfülle auf zu wenige Kategorien wirken hier, und sie sind eingebunden in entsprechende Geschichten über Ursachen und Wirkungen und die Unmöglichkeit von Lösungen. Und eben diese sollen verändert werden.

Es wird nach den bisherigen Ausführungen nicht überraschen, wenn ich meine, daß für diese Veränderungen die schöpferische Kraft des Chaos genutzt werden kann und genutzt werden muß. Von allen in den letzten Jahrzehnten im Zusammenhang mit der Chaos- und Selbstorganisationsforschung untersuchten Systemen wissen wir, daß der Übergang von einer Ordnungsstruktur des Systems in eine andere[24] notwendig über einen chaotischen Zustand läuft.

Dies entspricht auch der Erfahrung von bedeutsamen Entwicklungen im Leben eines Menschen sowie von Veränderungen im Rahmen von Psychotherapien: Eine wesentliche Neuorientierung ist nur über eine Phase möglich, in der die alten Strukturen zumindest zu einem beträchtlichen Teil aufgelöst sind, das Neue meist bestenfalls vage in Sicht ist. Die typische Unsicherheit und Angst im Zusammenhang mit Chaos, wie sie im ersten Kapitel geschildert wurde, erfaßt uns dann. Gleichzeitig ist damit aber auch ein Gefühl von großer Freiheit verbunden, wir haben plötzlich wieder viel mehr Möglichkeiten, Entscheidungen zu fällen und zu handeln.

Oft werden wir uns allerdings erst später an dieses Freiheitsgefühl zurückerinnern, weil das Gefühl der Unsicherheit zunächst alles andere überdecken mag. Nach erfolgter Neuorientierung schleicht sich wieder ein wenig der Grad des Vertrauten und Bekannten ein. Die Möglichkeiten und Freiheiten sind dann wieder stärker begrenzt.

Dieser hier kurz skizzierte Durchgang durch chaotische Teilprozesse – Chaos in all seiner Komplexität wäre unerträglich, daher bleiben viele Dimensionen des Lebens stabil und reduziert – verbindet die Beschreibung im Rahmen moderner Systemtheorie mit menschlicher Erfahrung. Sie ist auch in dem »Stirb und Werde!« ausgedrückt, das zahlreiche radikale Übergänge im Rahmen unterschiedlicher Initiationsriten kennzeichnet.

Auch in der systemischen Therapie geht es darum, mehr Chaos zuzulassen, das heißt, die erstarrte Lebenswelt durch mehr Unvorhergesehenes, mehr Komplexität und mehr Perspektiven (statt *einer* vermeintlichen *Wahrheit*) zu bereichern. In der Tat gibt es keine mir bekannte systemische Intervention, bei der es nicht im Kern darum ginge, zunächst mehr Chaos zu erzeugen, mehr Deutungen in der Lebenswelt zuzulassen, damit die fast dinghaft erstarrten Prozesse wieder flüssig werden. Dies soll zumindest am Beispiel der »zirkulären Fragen« – einer der wichtigsten und mächtigsten Techniken – erläutert werden.[25]

Bei der Technik des zirkulären Fragens wird die übliche Regel für Paar- und Gruppentherapien, »Jeder spricht nur für sich!«, radikal durchbrochen, indem reihum jedes Familienmitglied über bestimmte Beziehungsaspekte zwischen zwei oder mehreren anderen befragt wird. Beispielsweise fragt der Therapeut einen Jugendlichen: »Wer mischt sich mehr in den Streit deiner Eltern ein, dein Großvater oder deine Großmutter?« Dabei wird auch über nicht anwesende Personen und hypothetische Situationen gesprochen – zum Beispiel: »Wenn eines von euch Kindern für immer zu Hause bleiben würde, ohne zu heiraten, wer wäre da wohl am besten für euren Vater? Und wer für eure Mutter?«

Ferner ist wichtig, daß viele der Äußerungen von einzelnen Personen nun nach ihrer möglichen kommunikativen Funktion durchleuchtet werden. Nehmen wir an, die

Mutter beginnt zu weinen. Während Therapeuten der meisten anderen Richtungen nun sinngemäß die Mutter fragen würden: »Wie *fühlen* Sie sich?«, »Was *erleben* Sie gerade?« oder: »Was geht da *in Ihnen* vor?«, lautet die zirkuläre Frage an den Sohn beispielsweise »Was glaubst du, was in deinem Vater ausgelöst wird, wenn er deine Mutter so weinen sieht?«

Es geht dabei nicht darum, den einen Aspekt, nämlich den interaktiven in der Kommunikation gegen den anderen, nämlich den persönlich-ausdruckshaften völlig auszuspielen. Natürlich ist auch der letzte wichtig. Es ist durchaus bedeutungsvoll, was da *in* einem vorgeht (was die obige Frage ansprach). Der *kommunikative* Aspekt wird aber in der Alltagswelt viel seltener thematisiert. Sein Ansprechen bringt daher meist mehr Überraschung und somit die Möglichkeit, von den bisherigen alten Verstehensmustern abweichend, neue Perspektiven auf das Geschehen zu richten.

Ebenso zielen die Äußerungen der vielfältigen Beziehungswahrnehmungen und -vermutungen bei diesem zirkulären Fragen darauf ab, jene impliziten Muster explizit zu machen, die üblicherweise zwar nie geäußert werden, die aber im Sinne von vermuteten Erwartungen und Interpretationen das Verhalten nicht unwesentlich bestimmen.

Die Vielfalt der unterschiedlichen Vermutungen, Wahrnehmungen und Deutungen schafft aber zugleich auch jene chaotische Komplexität, die der reduzierten, eingeschliffenen »offiziellen« Deutung des familiären Geschehens (zu dem ja auch die Probleme gehören, derentwegen die Familie in Therapie kam) konträr entgegensteht.

Dabei ist es ziemlich egal, ob irgendeine der nun aufgeworfenen Deutungen »besser« ist, oder »eher stimmt«. Wichtig ist vielmehr, daß die Vielfalt der Deutungen einerseits den Glauben außer Kraft setzt, es gäbe nur *eine* »richtige« Deutung. Andererseits überschwemmt diese

Vielfalt das kognitive System so, daß eine Suche nach neuer Ordnung (d.h. Reduktion) notwendig wird.

Niemand kann hier garantieren, daß diese Ordnung besser« ist, das heißt mit weniger oder geringer belastenden »Symptomen«. Aber es besteht eine gute Chance, wie auch die Praxis zeigt, daß weniger hilfreiche Neuordnungen, die kurzzeitig entstehen können, in weiteren Sitzungen wieder revidiert werden.

Das Entstehen einer anderen Interaktionsstruktur geschieht ohnedies üblicherweise erst langsam in der Dynamik zu Hause. Im Therapieraum wird nur versucht, den Grundstein zu legen, indem das Chaos und die Vielfalt an Sichtweisen und Deutungsalternativen für das Geschehen einzelne Kategorisierungen verändert – zunächst vielleicht gar nur an deren Grenzen rührt.

Infolgedessen kann aber zumindest die eine oder andere erweiterte Sichtweise auch zu einer leichten Modifikation der Unterstellungen führen. Eindrücke von den Handlungen der anderen sind dann geringfügig verändert (ggf. nur differenziert). Dies aber erhöht die Wahrscheinlichkeit dafür, daß darauf dann ebenfalls mit leicht veränderten Handlungen »reagiert« wird. Da diese Handlungen nun aber wieder die Eindrücke für die anderen Kommunikationspartner sind, kann der bereits mehrfach skizzierte selbstverstärkende Prozeß der Reduktion nun mit umgekehrten Vorzeichen ablaufen: Das System Familie mit seinen wechselseitig bezogenen Wahrnehmungen, Deutungen und Handlungen verschafft sich dann zunehmend mehr Freiheitsgrade und Komplexität.

Dieser Zuwachs an neuen Sichtweisen, Erfahrungen und Handlungsmöglichkeiten wird zwar nach einiger Zeit durch Neukategorisierung wieder gebremst. Die Ressourcen an »Neuem« erschöpfen sich, werden möglicherweise sogar von neuem zu einem rigideren Prozeß eingeengt. Es ist aber extrem unwahrscheinlich, daß genau *jene* Prozeßstruktur wieder angenommen wird, zu der auch die Symptome gehörten,[26] derentwegen die Familie in die Therapie kam.

Nach den machtvollen Interventionstechniken hat seit gut einem Jahrzehnt der systemtherapeutische Ansatz Vorgehensweisen entwickelt, in der eine eher nicht-interventionistische Arbeit zur Veränderung möglich ist.[27] Es geht darum, angelegte Möglichkeiten im System zur Entfaltung zu bringen und den Beteiligten zu mehr »Freiheit« zu verhelfen, sowie nicht (oder möglichst wenig) auf der Basis von Krankheits- und Therapiekonzepten von außen einzugreifen.

Insgesamt geht es somit darum, daß die Zwangsordnungen, die sich durch eine allzu starke (Ver-)Bannung des Chaos etablierten konnten, für die schöpferischen Aspekte des Chaos wieder durchlässiger werden. Dafür ist es meines Erachtens hilfreich, wenn auch Therapeuten besser verstehen, welchen großen Stellenwert diese Verbannung des Chaos evolutionär, soziogenetisch, individualgeschichtlich und beispielsweise auch in der Koevolution einer Familie hat, um das Sicherheitsbedürfnis der Beteiligten angemessen würdigen zu können.

Im Kontext der Geschichte zu Beginn dieses Kapitels heißt Therapie dann: Versteinertes wieder lebendig machen.

III. Chaos, Angst und Wissenschaft[28]

Mensch, wo bist du?

Als Rabbi Schneur Salman, der Raw von Reussen ... in Petersburg gefangen saß und dem Verhör entgegensah, kam der Oberste der Gendarmerie in seine Zelle. Das mächtige und stille Antlitz des Raw, der ihn zuerst, in sich versunken, nicht bemerkte, ließ den nachdenklichen Mann ahnen, welcher Art sein Gefangener war. Er kam mit ihm ins Gespräch und brachte bald manche Frage vor, die ihm beim Lesen der Schrift aufgetaucht war.

Zuletzt fragte er: »Wie ist es zu verstehen, daß Gott der Allwissende zu Adam spricht: ›Wo bist Du?‹«

»Glaubt Ihr daran«, entgegnete der Raw, »daß die Schrift ewig ist und jede Zeit, jedes Geschlecht und jeder Mensch in ihr beschlossen sind?«

»Ich glaube daran«, sagte er.

»Nun wohl«, sprach der Raw, »in jeder Zeit ruft Gott jeden Menschen an: ›Wo bist Du in Deiner Welt? So viele Jahre und Tage von den Dir zugemessenen sind vergangen, wie weit bist Du derweil in Deiner Welt gekommen?‹ So etwa spricht Gott: ›Sechsundvierzig Jahre hast du gelebt, wo hältst du?‹«

Als der Oberste die Zahl seiner Lebensjahre nennen hörte, raffte er sich zusammen, legte dem Raw die Hand auf die Schulter und rief: »Bravo!«

Aber sein Herz flatterte.

(Martin Buber)[29]

*

Fragen haben in unserer Gesellschaft über die Erhebung von Information hinaus meistens einen *ab*fragenden, bloßstellenden, auf Macht-Ausübung und Kontroverse ausgerichteten Charakter. In einem solchen Kontext könnte man auch die Frage: »Adam, wo bist Du?« auf den ersten Blick verstehen wollen. Ebenso zielt die Frage des Obersten an den Rabbiner eher auf eine Kontroverse. Denn eigentlich, so schreibt auch Buber, ist der Oberst darauf aus, einen Widerspruch in der jüdischen Glaubenswelt aufdecken zu wollen. Doch für den Rabbi ist weder der Informationsaspekt noch die sachliche Kontroverse in der Begegnung von Bedeutung. Vielmehr spricht er den Obersten auf der Ebene von dessen Lebensgeschichte und ureigenster Persönlichkeit an.

Die beschriebene Begegnung im Gefängnis ist nicht nur typisch für das, was Buber eine »dialogische Haltung« nennt. Sondern sie ist ebenso typisch für das, was für mich das Wesentliche an Psychotherapie ausmacht (wenn auch bei Buber idealtypisch verdichtet): Auch ein Therapeut will nämlich mit seinen »Fragen« selten etwas von seinem Gegenüber wissen, was er nicht weiß – und selbst dann nicht aus bloßer Neugier oder um jenen etwas abzufragen. Sondern er will, um nochmals Buber zu zitieren, »im Menschen etwas bewirken, was eben nur durch eine solche Frage bewirkt wird, vorausgesetzt, daß sie den Menschen ins Herz trifft, daß sich der Mensch von ihr ins Herz treffen läßt.«

Ganz anders geht es in der Wissenschaft zu. Dort steht die Erhebung von Information im Zentrum, und bei der Aufnahme in die Wissenschaftler-Gemeinschaft ist der wissenschaftliche Disput in der *Disputation* – wie die mündliche Prüfung zur Promotion heißt – geradezu institutionalisiert.

Es ist daher nicht verwunderlich, daß Wissenschaftler und Psychotherapeuten gewöhnlich als Repräsentanten zweier gegensätzlichen Orientierungen verstanden werden: Wissenschaft, so wird gesagt, habe den Blick auf Gesetzmäßiges, Prognostizierbares und auf mögliche Gemeinsamkeiten in den Phänomenen zu richten, und damit von der Individualität und der Einmaligkeit der Abläufe in dieser Welt zu abstrahieren. So betonte etwa Wolfgang Pauli, Physik-Nobelpreisträger und einer der führenden (wenn nicht gar *der*) Quantentheoretiker seiner Zeit, in der Einleitung zu einem Symposium anläßlich des Internationalen Philosophenkongresses in Zürich 1954: »Ich behaupte nicht, daß das Reproduzierbare an und für sich wichtiger sei als das Einmalige, aber ich behaupte, daß das wesentlich Einmalige sich der Behandlung durch naturwissenschaftliche Methoden entzieht. Zweck und Ziel dieser Methoden ist es ja, Naturgesetze zu finden und zu prüfen, worauf die Aufmerksamkeit des Forschers allein gerichtet ist und gerichtet bleiben muß«. Dieser Sichtweise würden wohl auch heute noch nicht nur viele Naturwissenschaftler, sondern auch Geistes- und Sozialwissenschaftler überwiegend zustimmen.

Im Gegensatz dazu haben Psychotherapeuten immer einen einzelnen Menschen (oder *ein* Paar, *eine* Familie) vor sich, ausgezeichnet durch eine individuelle Geschichte. Zwar lassen sich Ähnlichkeiten zu den jeweils individuellen Geschichten anderer finden, aber für ein tieferes Verständnis und für eine angemessene, würdevolle Begegnung geht es eben gerade um diese Einmaligkeit, die sich aus dem Vergleichbaren spezifisch hervorhebt.

Es scheint nun so, als folge aus diesen gegensätzlichen Perspektiven – der Wissenschaftler, der das Allgemeine, Reproduzierbare der Welt und der Psychotherapeut, der das Einmalige, Individualgeschichtliche, zur Sprache bringt – auch zwangsläufig ein unterschiedlicher Umgang mit den Erfahrungen in dieser Welt: Auf der einen Seite geht es um eine Erkenntnis, welche die Welt möglichst objektiv abbildet, auf der anderen Seite hingegen stehen nicht-objektive Beziehungen im Zentrum.

Daß eine solche Schlußfolgerung aber fehlgeht, hat ein anderer Quantenphysiker und ebenfalls Nobelpreisträger, Werner Heisenberg, bereits 1955 so ausgedrückt: »Wenn von einem Naturbild der exakten Naturwissenschaften in unserer Zeit gesprochen werden kann, so handelt es sich eigentlich nicht mehr um ein Bild der Natur, sondern um ein Bild *unserer Beziehung* zur Natur.« Dies Zitat macht deutlich, daß die Physik – zumindest im Verständnis eines ihrer führenden Vertreter – längst die Idee aufgegeben hat, sie könne zu einer objektiven, vom Menschen unabhängigen Ordnung dieser Welt vordringen. Vielmehr geht es darum, eine Fehlentwicklung abendländischer Wissenschaft nun endlich wieder zu korrigieren: nämlich den mißlungenen Versuch, den Erkennenden aus der Beschreibung des Erkannten auszublenden.[30]

Denn gerade die Sicht, der Mensch könne sich bei dieser Beziehung als Erkennender ausklammern beziehungsweise sich als Teil selbst aus dem Ganzen lösen, war und ist eine der Hauptpfeiler des Strebens danach, die Natur zu *beherrschen*. Während von einer Sicht her, in der sich der Mensch als Teil des Ganzen begreift, eine andere Haltung folgen würde, da klar ist, daß niemals ein Teil das Ganze beherrschen kann.

Quantentheorie und Systemwissenschaft haben ebenso wie die Wissenschaftstheorie gezeigt, daß eine strikte Trennung des Erkannten und des Erkennenden eine Fiktion ist. Eine naturgerechtere Wissenschaft (die den Menschen als Teil der Natur versteht, und die damit dann wie selbstverständlich auch menschengerechter wäre) erfordert somit als wichtige Grundqualität ein ganzheitliches In-Beziehung-Treten-Können. Denn es geht, wie Heisenberg sagt, um »unsere Beziehung zur Natur«.

Wenn nun aber dem Aspekt »Beziehung« selbst in der modernen Naturwissenschaft solch ein hoher Stellenwert zugesprochen wird, dann rückt die Frage nach der menschlichen Beziehungsfähigkeit ins Zentrum unserer Lebenswelt. Angesichts dieser Bedeutsamkeit ist die gängige psychotherapeutische Erfahrung besonders bedrückend, daß viele Menschen wesentlich darunter leiden, nicht oder nur verängstigt, verkrampft, verstümmelt, verbogen, in Beziehung treten zu können. Diese mangelnde Beziehungsfähigkeit zeigt sich gegenüber Partnern, Eltern oder Kindern, gegenüber den Mitmenschen und der gesamten Natur, sowie, oft damit verbunden, auch gegenüber der eigenen Person.

Ein wesentliches Kennzeichen der Störung in der Beziehungsfähigkeit besteht darin, daß statt des Sich-Einlassens versucht wird, die Beziehung unter Kontrolle zu bringen. Je mehr Angst jemand empfindet, desto höher ist gewöhnlich sein Sicherheitsbedüfnis. Und obwohl es eine gängige menschliche Erfahrung ist, daß es selten längerfristig gelingen kann, Sicherheit über Ausübung oder Erhöhung von Kontrolle zu erlangen, finden wir allenthalben diese untauglichen Versuche. Offensichtlich ist die »Law and Order«-Ideologie, von der wir im ersten Kapitel sprachen, ein allzu wirkungsvolles Leitbild.

Es ist nun kein Zufall, daß wir auf das gleiche Leitbild stoßen, wenn wir der Frage nachgehen, wie denn die Wissenschaft zu ihrem Gegenstand in Beziehung tritt. In der Tat ist bemerkenswert, wie verblüffend die Mechanismen, die wir bei Zwangspatienten zur Angstabwehr als typische Symptome deuten, jenen Prinzipien entsprechen, die in der abendländischen Wissenschaft als »Tugenden« einer sauberen Methodik propagiert werden, nämlich:
- möglichst weitgehende Ausschaltung von Unvorhersehbarem und Unkontrollierbarem,
- Reduktion von Einflußvariablen,
- möglichst weitgehende Prognose der Ergebnisse von Handlungen,
- maximale Kontrolle dessen, was passieren kann,

- das Verbergen der eigenen Motive und Emotionen hinter einer »richtigen« Methodik,
- Beschränkung der Erfahrungen auf jenen Bereich, der durch »zulässige« Fragen und Vorgehensweisen vorab definiert ist.

Selbst in den Humanwissenschaften finden wir diese Prinzipien viel weitgehender realisiert und als Ideale vorgegeben wie etwa die folgenden sechs Kennzeichen der »Arbeit am Lebendigen«[31]:

1. *Nicht-Beliebigkeit der Form*: Man kann Lebendigem »auf die Dauer nichts gegen seine Natur aufzwingen ...«
2. *Gestaltung aus inneren Kräften*: »Die Kräfte und Antriebe, die die angestrebte Form verwirklichen, haben wesentlich in dem betreuten Wesen selbst ihren Ursprung.«
3. *Nicht-Beliebigkeit der Arbeitszeiten*: Das lebende Wesen kann nicht beliebig auf seine Pflege warten ... Es hat vor allem seine eigenen fruchtbaren Zeiten und Augenblicke für Veränderung.
4. *Nicht-Beliebigkeit der Arbeitsgeschwindigkeit*: Prozesse des Wachsens, Reifens, Überstehens einer Krankheit usw. haben offenbar ihre jeweils eigentümlichen Ablaufgeschwindigkeiten ...
5. *Die Duldung von Umwegen*: Man muß überall Umwege in Kauf nehmen.
6. *Die Wechselseitigkeit des Geschehens*: Das Geschehen ... ist wechselseitig. Es ist im ausgeprägten Fall ein Umgang mit »Partnern des Lebens« ...

Welches Bild von ihrer Beziehung zu ihrem Gegenstand liefert eine Psychotherapieforschung, die sich nicht bemüht, diesen Kennzeichen der »Arbeit am Lebendigen« Rechnung zu tragen?

Entsprechend kritisch äußert sich auch Abraham Maslow, einer der Väter der humanistischen Psychologie, indem er ein Kapitel seines Buches »Psychologie der Wissenschaft« mit dem Titel überschreibt: »Die Pathologie der Erkenntnis: Angst mildernde Mechanismen der Erkenntnis.« In einem anderen Kapitel stellt er eine Liste zusammen, von 21 »krankhaften«, »primär angstbedingten« Formen im Bedürfnis, »Erkenntnisse zu gewinnen ...« Und ein weiteres Kapitel läßt er mit den zusammenfassenden Sätzen beginnen: »Wissenschaft kann demnach der Abwehr dienen. Sie kann primär eine Sicherheits-Philosophie sein, ein Absicherungssystem, ein kompliziertes Mittel, Angst zu vermeiden ...«[32]

Bedenkt man die grundlegende Weltsicht der »Väter« der modernen abendländischen Wissenschaft, Francis Bacon, Rene Descartes und Isaac Newton, so dienen diese nicht gerade als Gegenbeispiel.

Bacon, der unter anderem auch Generalstaatsanwalt von König James I. war, propagierte die experimentelle Methode mit Bildern wie: »die Natur auf die Folter zu spannen, bis sie ihre Geheimnisse preisgibt«, »sie auf ihren Irrwegen mit Hunden hetzen« und sie »sich gefügig und zur Sklavin machen«. Diese Formulierungen zeugen nicht gerade von Souveränität, geschweige denn von einer achtungsvollen, dialogischen Haltung, in der Beziehung zur Welt. Und auch die Hexenprozesse, aus denen diese Metaphern stammen, können eher als Versuche von Angstabwehr der mächtigen Männer verstanden werden – Angst vor dem Weiblichen, dem Archaischen, dem für sie Fremden. Und letztlich auch Angst vor dem Verlust an Kontrolle.

Descartes Unterscheidung von *res cogitans* und *res extensa* (salopp gesagt: zwischen geistiger und materieller Welt) führte bekanntlich dazu, daß in seinen Schulen (aber keineswegs nur dort) die lebenden Organismen nicht nur mit Maschinen verglichen, sondern letztlich als *nichts anderes* als Maschinen behandelt wurden. So findet man bei Nicolas Fontaine um 1700 zum Beispiel eine Schilderung der cartesianischen Schule von Port-Royal. Darin wird berichtete, wie dort Tiere an ihren vier Pfoten auf Bretter genagelt und dann bei lebendigem Leibe seziert wurden. Ihre Schmerzensschreie verstanden die Forscher lediglich als »Lärm von Federn in Uhrwerken«. Darüber hinaus machte man sich auch noch über jene lustig, die »unwissenschaftlich« den Tieren Schmerzen unterstellten.

Bedenkt man, daß für menschliche Säuglinge und Kleinkinder Gefühlsansteckung und anthropomorphisierende Identifikation eher typisch sind (d.h. diese bei Schmerzensschreien, Weinen etc. mit gleichen Gefühlen reagieren), so muß den erwachsenen Wissenschaftlern eine bemerkenswerte Ausblendung und Abwehr gelungen sein. Dies erinnert in fataler Weise an die Rechtfertigung des Haltens und Mißhandelns von Sklaven durch »fromme« Amerikaner: Sie erklärten einfach, daß »Neger« keine »richtigen« Menschen seien und das »Liebe Deinen Nächsten« der Bibel daher für diese auch nicht zutreffe. Es erinnert auch an die Ermordung von Millionen Juden in deutschen Konzentrationslagern durch – so die Beschreibungen – teilweise »liebevolle Familienväter«. Wobei ähnliche Ausblendungen und Abwehrmechanismen auch bei den heutigen Folterknechten in aller Welt zu finden sein dürften, was belegt, wie wenig ein menschlich-moralischer Fortschritt mit dem technischen einher geht. Daß im Zweiten Weltkrieg Deutsche an KZ-Häftlingen und Japaner an Kriegsgefangenen grausamste Menschenexperimente zur sogenannten »medizinischen Forschung« unternahmen, schließt den Bogen zur Wissenschaft wieder – auch wenn diese Extreme keineswegs als typisch für »die Wissenschaft« hingestellt werden sollen.

Newton schließlich, der als Leitfigur abendländischer

Wissenschaft gilt, betonte insbesondere die Bedeutung mathematischer Abstraktion und kategorialer Verallgemeinerung. Der Einzelfall hat in dieser Sichtweise nur als *Beispiel für etwas Allgemeines* Wert. Beispiele aber sind, wie schon Maslow hervorhebt, anonym, entbehrlich, nicht einzigartig, nicht unantastbar, sie haben keine eigenen, nur ihnen allein zukommende Namen. Zu »Beispielen« wird daher ganz gewiß keine dialogische Beziehung hergestellt. Allerdings dienen die kategorialen Verallgemeinerungen in Beispielen als Basis für Regelmäßigkeiten und damit auch für Prognose und Kontrolle, wie ja in den beiden vorangegangenen Kapiteln ausführlich erörtert wurde. Sie helfen somit wesentlich, die Angst vor dem stets Neuen, Unberechenbaren, zu vermindern.

Wenn es somit sicherlich auch andere Motive für die Beschäftigung mit Wissenschaft geben mag, und diese bei Wissenschaftlern je unterschiedlichen Stellenwert einnehmen, läßt sich dennoch mit Blick auf die »Gründungsväter« und die heute immer noch geltenden methodischen Tugenden experimenteller Wissenschaft resümieren: Wer einzigartigen Begegnungen eher aus dem (kognitiven) Weg gehen möchte, wer seine Angst vor der Ungewißheit mit Kontrollbedürfnis zu überwinden sucht, wer sich persönlich eher hinter Logik, Methodik, und anonymer Beispielhaftigkeit zu verstecken wünscht, der findet seine Bedürfnisse nach Angstabwehr im Programm abendländischer Wissenschaft nicht schlecht aufgehoben.

Daher schrieb auch Maslow: »Warum fragen wir eigentlich immer wieder, ob die Psychotherapie auch wissenschaftlich genug sei? Warum fragen wir nicht lieber, ob die Wissenschaft psychotherapeutisch genug ist?«[33]

Über Angst und Logik

Eine Wissenschaft, die den Beziehungsaspekt im Sinne Bubers ernst nimmt, in der die Wissenschaftler ihren jeweiligen Standpunkt (auch explizit) deutlich machen und sich somit anfragen lassen: »Wo stehst denn Du, der Du Wissenschaft treibst, in dieser Welt?«, ist etwas hoch Gefährliches; denn je mehr ich mich als Mensch mit meinen Werten und meinen Glaubensinhalten zu erkennen gebe, je mehr ich meine Standpunkte, von denen aus ich die Perspektiven auf den wissenschaftlichen Betrachtungsgegenstand wähle, offenbare und je mehr damit auch meine Begrenzungen sichtbar werden, desto mehr stelle ich mich zur Disposition. Ich riskiere, kritisiert, nicht verstanden (bzw. gezielt mißverstanden), ja letztlich als Person nicht angenommen zu werden.

Buber betont, daß im Augenblick der Begegnung jeder unendlich verletzbar ist. Da liegt es nahe, die Begegnung gar nicht erst zu wagen, sondern sich hinter dem formalen Gerüst akzeptierter Regeln zu verstecken, wie sie etwa die wissenschaftliche Methodik jeder Fachdisziplin darstellt. Man kann dann so tun, als ließe sich der Standpunkt geheimhalten, von dem aus man eine Beziehung zur Mitwelt herstellt, und als bräuchte man lediglich die »Welt« mit einer sauberen Methodik einzufangen und abzubilden.

Was Menschen bewegen kann, den Beziehungsaspekt von Erkenntnis und Sprache zugunsten einer scheinbar objektiven Abbildungsfunktion zu vernachlässigen, läßt sich meines Erachtens an einem extremen Beispiel wissenschaftlich-logischer Abgehobenheit zeigen: In seinem berühmten »Tractatus« kommt der junge Wittgenstein zu dem »Schluß« (im doppelten Sinne) des 7. Satzes: »*Wovon man nicht reden kann, darüber muß man schweigen*«.

Der Tractatus war der Versuch eines jungen genialen Denkers, die Grenzen der Welt an den Grenzen der Sprache und ihrer Logik festmachen zu wollen. Zwar gibt es bekanntlich auch bei Wittgenstein »etwas« jenseits dieser Grenzen. Aber dies »zeigt sich« nur irgendwie – und es erscheint ihm mittels Sprache unerreichbar, unvermittelbar, ja sinnlos, wie letztlich alle Metaphysik und Philosophie. Obwohl Wittgenstein selbst in höherem Alter eine andere Sicht der Welterschließung und der Bedeutung von Sprache entwickelte, ist diese Sicht auch für die heutige Wissenschaft noch recht typisch (wenn auch nicht in dieser Radikalität). Auf die Frage, warum sich so wenige seiner Fachkollegen zu wissenschaftspolitischen Fragen – etwa zur Sicherheitsdebatte über Atomkraftwerke – äußern, charakterisiert und kritisiert der Physiker Hans-Peter Dürr[34] die gängige Haltung wie folgt: »Natürlich sind die meisten Alltagsprobleme für naturwissenschaftliche Aussagen viel zu kompliziert. Und viele Wissenschaftler vertreten ja auch die Auffassung, wenn ich nichts Exaktes sagen kann, dann sage ich besser nichts.« – Die Ähnlichkeit zum 7. Satz des Tractatus ist meines Erachtens keineswegs zufällig.

Vom »Tractatus« wissen wir nun, daß er weitgehend an der Front des Ersten Weltkrieges verfaßt wurde, während Wittgenstein die Schrecken des Schützengraben-Krieges unmittelbar erleben mußte. Dort dürften sich ihm aber eigentlich ganz andere Erfahrungen sprachlichen Ausdrucks aufgetan haben, als sie im Tractatus vorkommen: Schmerzensschreie Verwundeter und Sterbender, Laute von Wut, Verzweiflung, Resignation und Hoffnungslosigkeit angesichts des Grauens und der Sinnlosigkeit dieses Leids.

Einem Psychotherapeuten stellt sich daher angesichts der Diskrepanz zwischen solchen Erfahrungen und der logisch-strengen Abstraktion des auf eine Idealsprache abgehobenen Tractatus die (für Psychotherapie typische) Frage: »Welche *Funktion* hatte das Schreiben des Tractatus«, das heißt: »Was sollte und konnte möglicherweise durch diese Art von wissenschaftlichem Tun vom *Menschen* Wittgenstein vermieden werden?« Psychotherapeuten gehen nämlich davon aus, daß ein wesentlicher Zugang zum Verständnis menschlichen Erlebens und Handelns in der Beachtung abgewehrter Erfahrungen liegt. Darunter versteht man solche Erfahrungen (einschließlich ihrer Symbolisierungen), die dem Menschen in einer Situation zwar möglich wären, die er aber nicht zuläßt, weil sie für sein Selbstbild zu bedrohlich sind.

Man kann sich nun leicht vorzustellen, daß eine intensive Beschäftigung mit dem Tractatus an der Kriegsfront zumindest für Zeitmomente Angst und Grauen aus dem Bewußtsein verdrängen konnte. Es wäre also denkbar und verständlich, daß in diesem existenziellen Gefordertsein die Grenzen der Logik und Vernunft dem Bewußtsein als ein Halt dienen sollten, um der Gefahr zu entgehen, daß die Grenzen der Realität (und die eigene Person) allzusehr »verrückt« werden.

Auch dies scheint nicht untypisch für Wissenschaft zu sein: Wenn man vorgibt, vor allem eine äußere Welt abzubilden, in welcher der Abbildende scheinbar nicht vorkommt, ermöglicht dies eine Distanzierung vom eigenen Erleben und eine Verschleierung eigener Motive. Ein solches Vorgehen macht unantastbarer und den Akteur weniger durchschaubar, als wenn in den Äußerungen die Beziehung des Sprechenden zu dem, wovon und worüber er spricht, auch *explizit* zum Ausdruck kommt. Schlechte Richter und Professoren neigen zu solcher Verschleierung und Verleugnung des Beziehungsapekts. Wenn sie einen Urteilsspruch erläutern oder die sogenannten *Tatsachen* ihres Fachs darstellen, verbergen sie sich dabei hinter dem Gesetz oder der Methodik, um keine Ver*antwort*ung übernehmen zu müssen. Sie versuchen sich dann vor der Antwort auf die Frage zu drücken: »Wo stehst denn Du, der uns dies verkündet?«

Der Aspekt des In-Beziehung-Tretens würde nämlich

voraussetzen, daß man sowohl den eigenen Standpunkt reflektiert, von dem aus die Beziehung gestaltet wird, als sich auch bemüht, die Weltsicht ebenso aus der Perspektive des Anderen und damit dessen Standpunkt und Beziehungsaussage hinreichend nachzuvollziehen. Dies ist allerdings gegenüber einer Sprache als Abbildung von Welt im Disput viel weniger »effektiv« und »durchsetzungsfähig«. Denn man spart offenbar viel Energie, wenn man vorgibt, die Welt in möglichst richtiger Weise abbilden zu wollen: Wer keine Perspektiv-Unterschiede berücksichtigt und den eigenen Standpunkt nicht relativiert, sich nicht auf sein Gegenüber einstellt und die eigene Erkenntnis für die einzig mögliche und wahre hält, der kann mit ungeteiltem Einsatz für diese vermeintliche Wahrheit fechten.

Communicare versus disputare

Ich möchte diese Art von Effektivität in der wissenschaftlichen Kontroverse an einem Beispiel erläutern, das für mich ein Schlüsselerlebnis dieser Haltung darstellte: Vor einigen Jahren hörte ich einen Vortrag von Sir Karl Popper auf einem großen Kongreß über »Geist & Natur«. Popper hat als Philosoph und Wissenschaftstheoretiker die Diskussion in diesem Jahrhundert wesentlich beeinflußt – und er repräsentiert meines Erachtens immer noch recht gut die Hauptströmung vorherrschenden Denkens.

In seinem Vortrag pries er den Segen der abendländischen Kultur und industriellen Technologie für diese Welt. In der anschließenden Diskussion stellte er sich einigen Einwänden von ökologisch und ganzheitlich denkenden Kritikern – unter anderen dem Benediktiner-Pater Steindl-Rast.

Popper argumentierte rhetorisch brillant. Trotz zunehmenden Unbehagens und spürbarer Betroffenheit darüber, daß ein Wissenschaftler wie er – mit hoher Intelligenz, moralischer Integrität und intellektueller Redlichkeit – so taub sein konnte für die Probleme unserer Welt, war ich daher zunächst, wie wohl viele Zuhörer, von der argumentativen Schärfe dieses alten Mannes beeindruckt, mit der er seine »Gegner« niedermachte.

Plötzlich jedoch wurde mir deutlich, daß diese Taubheit – die bei Popper bemerkenswerterweise auch körperlich als starke Schwerhörigkeit manifestiert ist – unmittelbar mit seiner Wissenschafts- und Argumentationshaltung zusammenhing: Die rhetorische Brillanz der Popperschen Erwiderungen bestand nämlich gerade darin, auf die Argumente, Fragen und dahinterstehenden Anliegen gar nicht zu hören und darauf einzugehen. Statt sich auf den Prozeß des Verstehens einzulassen, münzte er die Fragen und Argumente nur – teilweise sinnverfremdend – als Bausteine für die eigene Schlagfertigkeit um. So vermochte er die Argumente, wie in einem Duell, zu parieren und »unangefochten« auf der eigenen Sicht zu insistieren.

Es wurde mir damals deutlich, daß dieses Vorgehen und die dahinterstehende Haltung geradezu typisch sind für das, was heute noch die vorherrschende Wissenschaft ausmacht: die Disputatio, das Streitgespräch, im Sinn einer Kontroverse, mit dem Ziel, in seiner Ansicht zu obsiegen. Dabei ist dann vorrangig, sich möglichst wenig durch Bemühen um Verständnis der anderen Position in der Zielstrebigkeit bremsen zu lassen, den eigenen Weg zu verfolgen.

Die umfassende Vernetztheit unserer Welt und ihrer technischen Zerstörungspotentiale würden es aber eigentlich erfordern, aufeinander zu hören und gemeinsam Lösungen zu finden, statt gegeneinander zu reden. Das heißt, statt des kontroversen »Disputare«, der Auseinandersetzung im Streitgespräch, wäre ein »Communicare«, das Zusammenwirken im Hinblick auf etwas Gemeinsames, in den Vordergrund zu stellen.

In diesem Sinne geht übrigens auch das oben angegebene Zitat von Dürr weiter: »Demgegenüber bin ich der Meinung: Wenn ich nichts genaues darüber sagen kann, dann eben etwas Ungenaues. Ich behaupte nicht, daß ich richtig liege, aber daß ich ein Diskussionsangebot liefern kann.«

Sogenannte »Effektivität« und »Durchsetzungsfähigkeit« einzelner Positionen dürfen somit kein unhinterfragbares Ziel sein. Vielmehr vermag gerade die Vielfalt unterschiedlicher Perspektiven und Ansichten in ihrer Integration zu komplexeren Einsichten zu führen. Dies ist allerdings nur im *Dialog* möglich.

Popper hat sich in dem genannten Beispiel offenbar vornehmlich an den Satz des Wissenschaftstheoretikers Paul Lorenzen gehalten, die Logik sei der Kanon derjenigen Regeln, an die man sich halten müsse, wenn man ein Streitgespräch nicht verlieren will.

Buber hingegen geht es weder in der Geschichte mit dem Rabbi noch in dem obigen Zitat um das Gewinnen oder Verlieren eines Streitgespräches, sondern er verweist auf den Dialog als Maxime und die »Realität des gelebten Lebens«. Selbstverständlich ist dies kein Plädoyer zur Abschaffung der Logik, sondern dafür, der Logik nicht den Primat in dem menschlichen (aber auch innerwissenschaftlichen) Bestreben einzuräumen, gemeinsam die Welt zu verstehen – oder gar dem Primat in der Suche danach, angemessen in dieser Welt zu leben. Wie auch die Aussage des Neuen Testaments, daß das Gesetz für den Menschen da sei und nicht umgekehrt, kein Plädoyer für die Abschaffung aller Gesetze war. Gleichwohl ist auch diese Aussage weiterhin eine hochaktuelle Forderung: Wie schon zu biblischen Zeiten berufen sich jene, die gerade die Macht haben (und für die Gesetzgebung maßgeblich verantwortlich sind), bei Vergehen gegen das Leben gern auf die »Gesetzmäßigkeit« ihres Tuns. Man denke nur an die deutsche Produktion von Tretminen für die Dritte Welt oder an die französischen Atomversuche im Muroroa-Atoll.

Auch Dürr kann man so verstehen, daß ein Diskussionsangebot, also die Einladung zum Dialog, eine andere Haltung offenbart als das Bemühen, sich deswegen an die Regeln der Logik zu halten, weil man ein Streitgespräch gewinnen will. Für diese andere Haltung freilich muß man – wie immer, wenn man sich im Rahmen gegenwärtiger Wissenschaft als Person zu erkennen gibt – die Angst überwinden, von den anderen Ängstlichen als »inkompetent«, »unqualifiziert« (oder wie auch immer die Vokabeln zur Abwehr und Abwertung heißen mögen) diskreditiert zu werden. Denn noch immer ist Abwertung die Hauptstrategie der Angstabwehr im Spiel der Wissenschaft.

Wie stark diese Abwehrtendenzen sind, läßt sich besonders am Umgang der Wissenschaftler-Gemeinschaft mit ihren »Dissidenten« ablesen. In allen gängigen Lehrbüchern zur Wissenschaftstheorie kann man nachlesen, daß Wissenschaft – im Gegensatz zum Alltagshandeln – die eigenen Voraussetzungen zu hinterfragen und Alternativen zu entwickeln sucht. In der Realität sieht dies aber nicht selten anders aus. Wehe, wenn die gerade vorherrschende Ordnung allzu sehr angetastet wird – dann ist die Toleranz für Alternativen schnell am Ende.

Das Problem der Dignität

Was dem Kaufmann und Banker die Bonität, ist dem Wissenschaftler seine Dignität – seine Glaubwürdigkeit und Reputation. Ein Verlust kommt dem existentiellen Bankrott gleich. Da wissenschaftliche Ergebnisse selektiv wahrgenommen und nur unter großen Kosten (an Geld und besonders an Zeit) reproduzierbar sind, ist die Dignität eines Wissenschaftlers besonders bei neuen, von gängigen Vorstellungen abweichenden Ergebnissen das Maß für sein Gewicht in der Fachdiskussion. Ein Wissenschaftler, der seine Dignität verloren hat, wird nur noch gering – am Rande oder als »Kuriosum« – zur Kenntnis genommen. Er kann nur noch mit äußerster Vorsicht zitiert werden, wenn der Zitierende nicht fürchten will, selbst die eigene Dignität aufs Spiel zu setzen und mundtot gemacht zu werden. Damit wird ein drohender Verlust der Dignität indirekt zu einem Mittel der Disziplinierung, zu einer subtil wirkenden Bremse gegen zu viele neue und/oder zu radikale und »ketzerische« Ideen.

Nun gibt es aber eine Glaubwürdigkeit nicht nur im Kreise der Fachkollegen, sondern auch eine Glaubwürdigkeit gegenüber dem eigenen Gewissen. Beide können in Konflikt miteinander geraten. Wie oft dies geschieht, wissen wir nicht, da natürlich nur jene Fälle wahrnehmbar werden, in denen jemand den Konflikt zugunsten des eigenen Gewissens und der eigenen Forschungsredlichkeit löst und damit die Anerkennung der Main-Stream-Wissenschaft verliert. Zu den Fällen aus jüngerer Zeit zählt beispielsweise Wilhelm Reich. Dieser war ehemals Schüler von Sigmund Freud und gilt als Begründer körperorientierter Psychotherapien. Ausgegrenzt wurde er, als er sich als Naturforscher Energien (sog. »Orgon-Energie«) zuwandte, die nicht ins gängige Paradigma passen, da sie unter anderem den Übergang von Materie zu Leben in spezifischer Weise beschreiben. Seine Apparate wurden in den 50er Jahren dieses Jahrhunderts in den USA zerstört, seine Bücher und Schriften öffentlich als »Werbeschriften« verbrannt; darunter auch solche, die überhaupt nichts mit der Orgonenergie zu tun hatten, sondern selbst von seinen erbittertsten Gegnern als wichtige Beiträge und Standardwerke zur Psychoanalyse angesehen wurden.

Ein zweites Beispiel ist Elisabeth Kübler-Ross, die zahlreiche Ehrendoktorate für ihre Forschungen im Zusammenhang mit Phasen und Erlebnissen des Sterbens erhalten hat, deren Ergebnisse über Geistheilungen aber nicht mehr von der scientific community akzeptiert wurden. Ähnlich erging es John Lilly, der als führender Delphin-Forscher galt und gilt, dessen Forschungsergebnisse im Zusammenhang mit transpersonalen Erlebnissen durch Reizentzug (sog. »sensorische Deprivation« in speziellen Tanks) von der Zunft als inakzeptabel und indiskutabel bewertet werden.

Es gibt zahlreiche andere Forscherinnen und Forscher, die gar nicht erst ernsthaft zur Kenntnis genommen zu werden brauchten, weil sie sich von vornherein suspekten Bereichen zuwandten (denen also »Dignität« sowieso nie zugesprochen wurde) – wie etwa Timothy Leary, Stanislav Grof, Helen Blavatsky, Rudolf Steiner, Georges I. Gurdjieff, Jack Schwarz. Im Falle der drei oben genannten Wissenschaftler mußte die scientific community aber Gründe (er-)finden, warum Menschen mit großer Dignität diese plötzlich verlieren. Es wurden vor allem psychologische Gründe ins Feld geführt: Reich sei »schizophren« geworden, Kübler-Ross den Belastungen der häufigen Sterbeerlebnisse und Lilly denen der Deprivations-Halluzinationen erlegen.

Ganz so leicht darf man es sich aber nicht machen, diese Wissenschaftler in die für unsere Gesellschaft so typische Ausgrenzungsecke »geistig Verwirrter« zu stellen. Denn immerhin waren sich die Genannten dessen bewußt, daß sie sich der Unglaubwürdigkeit und Lächerlichkeit seitens ihrer Fachkollegen aussetzten. Und es ist sicherlich leichter, um der Achtung und Bewunderung der Kollegen willen Abstriche an den eigenen Erkenntnissen vorzunehmen, als diese Achtung zur Erhaltung der eigenen inneren Glaubwürdigkeit aufs Spiel zu setzen.

Hier ist nicht der Ort, in eine Fachdiskussion über die

Angemessenheit oder Unangemessenheit der von diesen Forschern erfaßten Realität – also über deren (Teil-)Bild von Natur – zu diskutieren. Nicht einmal die *Bilder ihrer Beziehung* zur Natur, um nochmals an das Heisenberg-Zitat zu erinnern, können hier erörtert werden. Obwohl eigentlich zumindest die Psychologie selbst dann großes Interesse daran haben müßte, wenn es sich um »reine Hirngespinste« handeln würde, denn schließlich wären Fragen wie: »Woher kommen solche Hirngespinste?«, »Welche Erfahrungen und Beziehungen zur Welt drücken sie aus?«, »Wieso beeindrucken und beeinflussen sie viele gebildete Menschen (wenn eben auch nicht die Mehrheiten und Machthaber in der scientific community)?« legitime Fragen an eine Wissenschaft, die vorgibt, sich mit Hirnprozessen und deren Ergebnissen – also auch deren »Gespinsten« – auseinandersetzen zu wollen.

Statt dies zu vertiefen scheint es hier angebracht, auf ein gut dokumentiertes Beispiel eines Wissenschaftlers einzugehen, der uns noch im vierten Kapitel begegnen wird. Gemeint ist Wolfgang Pauli (1900–1958), der 1945 für die Entdeckung des »Pauli-Prinzips« den Physik-Nobelpreis erhielt. Er hat für Heisenberg zeitlebens »die Rolle des stets willkommenen, wenn auch sehr scharfen Kritikers und Freundes gespielt«, und wurde wegen der Schärfe seines Denkens und seiner Kritik oft als »das Gewissen der Physik« bezeichnet.

Im inneren Kampf um die Dignität wählte er aber in einem für ihn wesentlichen Erkenntnisbereich eher das Schweigen. Pauli beschäftigte sich nämlich auch intensiv mit Fragen der Tiefenpsychologie, nahm seine Träume sehr ernst und stand auch bis zu seinem Tod über Jahrzehnte mit C.G. Jung in Briefwechsel. Aus diesen Briefen und den aufgezeichneten Träumen sowie Paulis Auseinandersetzung damit geht hervor, daß er jahrelang darum gekämpft hat, zu der »inneren Aufgabe« zu stehen, eine Naturbeschreibung zu entwickeln, in welcher Tiefenpsychologie (d.h. besonders Phänomene des individuellen und kollektiven Unbewußten) und moderne Physik verbunden werden. In vielen Träumen tauchte ein »Perser« oder ein »Fremder« auf, der Pauli einlud, einen Lehrstuhl an einer neuartigen, polytechnischen Universität anzunehmen, und seine Konzeption öffentlich zu vertreten.

In Physikerkreisen allerdings war Pauli sehr zurückhaltend, über seine neue Konzeption einer umfassenden Naturbeschreibung zu sprechen. Manche wichtigen Manuskripte wurden erst nach seinem Tode veröffentlicht, andere Arbeiten liegen noch immer unter Verschluß und sind nicht allgemein zugänglich. Pauli fürchtete, seine Reputation aufs Spiel zu setzten – gleichzeitig schien »der Fremde« aber genau das von Pauli zu fordern – ein öffentliches Bekenntnis zu seinen Erfahrungen und Erkenntnissen. Wie man Dokumenten entnehmen kann[35], hat Pauli sehr unter diesem inneren Kampf gelitten.

Ohne an dieser Stelle inhaltlich etwas zur Konzeption Paulis auszusagen, dürfen wir aber fragen: Was ist das eigentlich für eine Wissenschaft und Wissenschaftler-»Gemeinschaft« (wie es so schön heißt), in der führende und kluge Mitglieder Angst haben müssen, ihre Erkenntnisse anderen mitzuteilen? Wie steht es um das Bild der Beziehung der Wissenschaftler zu ihren Gegenständen, wenn sich Forscher in der (leider begründeten) Furcht, Dignität, Achtung und Ansehen zu verlieren, zum Schweigen in Bereichen verdammt fühlen, die ihnen wesentlich erscheinen? – Wohlgemerkt: das »wesentlich« bezieht sich dabei nicht nur auf ihre Erkenntnis als Menschen sondern auch auf ihre Arbeit als Wissenschaftler.

Wenn auch die genannten *Personen* nicht statistisch repräsentativ für »die« Wissenschaft anzusehen sind, so treffen aber die eben aufgeworfenen *Fragen* die Wissenschaft doch in ihrem Kern. Gerade an diesen Beispielen wird daher das zwanghafte, von Angst und Kontrolle durchsetzte Handeln in der Wissenschaftler-»Gemeinschaft« noch einmal besonders deutlich.

Die Ordnungs-Ideologie der Wissenschaft

Die Gestalten unserer Lebenswelt, die Bilder, die uns leiten, die Form, wie wir mit dem Chaos fertig werden, hat in unserer abendländischen Gesellschaft viel mit diesen Leitbildern der Wissenschaft zu tun. Dies deshalb, weil auch unser Alltag inzwischen von den Produkten dieser Wissenschaft durchdrungen ist – und zwar von den Produkten sowohl materieller als eben auch geistiger Art.

Die »Hohepriesterin der Ordnung«, die in der Anfangsszene von Kapitel I für das Kind durch die tröstende Mutter verkörpert wurde, ist in unserer Gesellschaft der Erwachsenen in hohem Maße durch »die Wissenschaft« ersetzt. Nicht zufällig sprach vor Jahren der berühmte Soziologe Helmut Schelsky von den Wissenschaftlern als dem »neuen Priestertum«. Vor Gericht, in der Politik, bei der Gesundheitsreform – überall werden wissenschaftliche Gutachten und Stellungnahmen aufgeboten, um die Unsicherheit zu verringern. Aus diesem Grund ist wichtig zu erkennen, welche Leit- und Weltbilder uns unsere Wissenschaft vermittelt hat und teilweise immer noch vermittelt. Denn diese Weltbilder sind ja sozusagen das Material aus dem wir auch unsere alltäglichen Ordnungen aufbauen.

In dieser Hinsicht ist es schon bemerkenswert, wie lange eine völlig einseitige Vorstellung von Ordnung auch im Rahmen der Wissenschaft propagiert wurde. Denn die notwendige Bannung des Chaos und die Etablierung von Ordnung kann, wie aus den vorangegangenen Kapiteln deutlich wurde, eigentlich über zwei Wege erreicht werden:

Der eine Weg besteht darin, über die Gewährung und Förderung von Rahmenbedingungen Prozesse der Selbstorganisation zu unterstützen, damit das betreffende System ihm inhärente Strukturen entfalten kann. Diese Ordnung ist dann eine weitgehend natürliche Ordnung, in der das kreative Chaos eingebunden ist und immer wieder Veränderungen bewirken kann. Die Förderung solcher Ordnungstendenzen setzt freilich auch ein beträchtliches Maß an Vertrauen voraus, weil dabei nicht alles im Detail geplant und bis ins letzte kontrolliert werden kann.

Der andere Weg besteht darin, die Strukturen von außen vorzugeben, sie über Zwang durchzusetzen und dann mittels Kontrolle aufrechtzuerhalten. Solange, wie diese Kontrolle funktioniert, ist das Chaos gebannt. Doch einerseits ist der Preis für eine solche Ordnung hoch, denn sie erfordert eben den ständigen Einsatz von Ordnungskräften, da sie ja dem System nur aufgezwungen ist. Andererseits ist eben faktisch nirgends dauerhafte und lückenlose Kontrolle möglich. Dies zeigt die Geschichte anhand aller Herrschaftsformen, die man je zu etablieren versuchte. Dies zeigen auch Reaktor- und Chemieunfälle, geborstene Staudämme, eingebrochene Brücken und das Aufkommen immer neuer Krankheitsformen, nachdem andere »ausgemerzt« wurden, um die Gesundheit zu »kontrollieren«.

Die abendländische Wissenschaft widmet sich aber erst seit wenigen Jahrzehnten in beachtenswertem Umfang Prozessen der Selbstorganisation. Zuvor war ihr Programm fast ausschließlich auf den Prinzipien der Kontrolle aufgebaut, von denen schon die bereits erwähnten »Gründungsväter« der modernen abendländischen Wissenschaft, Bacon, Descartes und Newton, ausgegangen waren:

Newtons principia mathematica aus dem Jahre 1687 und die darin formulierten allgemeinen Bewegungsgleichungen wurden als Grundlegung der Naturgesetze schlechthin betrachtet. Dies verdichtete Pierre de Laplace zu der berühmten Metapher vom »Dämon«: Sofern jemand zu irgendeinem Zeitpunkt die Positionen aller Teilchen und die auf sie wirkenden Kräfte kennen würde, wäre dieser auch fähig, die Vergangenheit und Zukunft aller Erscheinungen im Universum mit absoluter Sicherheit zu bestimmen. Eine solche Welt, als Uhrwerk, mag zwar hoch detailliert und sehr kompliziert sein, doch letztlich bleibt ihr jede Möglichkeit einer kreativen, also unvorhersehbaren, Entfaltung versagt. Vielmehr beschränkt sie sich in stumpfem Abspulen einer einmalig erfolgten Schöpfung.

Zu Beginn des 19. Jahrhunderts wurde mit dem berühmten 2. Hauptsatz der Thermodynamik dieses Naturbild vervollständigt. In der populären Version beinhaltet dieser Satz, daß alle Ordnung über kurz oder lang zerfällt, weil die Entropie, als Maß für Unordnung, nur zunehmen kann. Dies alles gilt – so wußte man – zwar genaugenommen nur für abgeschlossene Systeme, wie ja jedes physikalische Gesetz eine gewisse Idealisierung darstellt. Auch die Fallgesetze beschreiben nicht perfekt das Fallen realer Gegenstände, was man im Herbst an den Blättern sehen kann, die durch die hohe Luftreibung und besonders den Wind in der Herbstsonne tanzen, statt mit $s = \frac{1}{2} bt^2$ vom Baum herunter auf den Boden zu fallen. Trotzdem zweifelt niemand ernsthaft an der Bedeutung der Fallgesetze für die Beschreibung unserer Welt. Bei der Betrachtung von fallenden Blättern, von Flugzeugen und dergleichen muß man diese Fallgesetze halt noch ein wenig um die Gesetze des Auftriebs ergänzen. Ähnlich hielt man auch die Einschränkungen für den Gültigkeitsbereich der Thermodynamik für eine eher irrelevante Fußnote in der Erfassung und Beschreibung des Weltgeschehens.

Daher glaubte man, mit den oben skizzierten Gesetzen

sei nun eigentlich alles wesentliche über diese Welt gesagt. Für die Wissenschaftler bliebe zwar noch eine immense Detailarbeit zu leisten, aber im Prinzip schien der Weg frei für eine völlige Beherrschung der Welt durch den Menschen.

Wie im ersten Kapitel bereits erläutert wurde, hat die moderne Chaosforschung und Systemwissenschaft den langgehegten Glauben an die grundsätzliche Berechenbarkeit »der Welt« endgültig zerstört. Die abendländische Leitidee, Sicherheit über Kontrolle zu erreichen, ist daher grundsätzlich als gescheitert anzusehen.

Gleichwohl muß gefragt werden, warum die abendländische Naturwissenschaft sich überhaupt so ausgiebig, präzise und einseitig der Thermodynamik widmete – also Prozessen des Zerfalls von Ordnung in Unordnung. Und warum Prozesse der Selbstorganisation, also des autonomen Entstehens von Ordnung, so lange als Randerscheinung ausgeblendet wurde. Diese Verblendung ist um so erstaunlicher, als keine werdende Mutter je auf die Idee gekommen wäre, in der 7. Schwangerschaftswoche an ihrem Bauch herumzudrücken und zu zerren, damit ihr Fötus durch solche ordnenden Eingriffe lehrbuchgemäß Hände und Finger ausbildet. Eine geradezu absurde Vorstellung von Ordnung! Ein solcher Eingriff würde der Ordnung, die sich gerade selbst entfaltet, eher einen schweren Schaden zufügen.

Diese Diskrepanzen zwischen dem Erfahrungswissen der Menschen hinsichtlich der Entfaltung von Ordnungen, und dem Jahrhunderte langen Beharren der Wissenschaft allein auf der Perspektive des Zerfalls und der Kontrolle von Ordnungen, lassen starke Machtinteressen vermuten. In der Tat denke ich, daß die Vorstellung einer rein konservativen Ordnung – einer Ordnung also, die bestenfalls durch ständige Eingriffe vor dem Zerfall ins Chaos bewahrt bleiben kann – immer schon vorzüglich in die Interessenideologien der Mächtigen und Reichen paßte. Denn wenn »man/n« sich der Herrschaft bemächtigt hat und diese für sich und seine Nachkommen (biologischer und/oder ideologischer Art) erhalten will, ist eine solche konservative Sicht nützlich – eine Sicht, die das »Sein« gegenüber dem »Werden« betont. Es liegt dann nahe, die vorfindlichen Formen von Gesetz und Ordnung als etwas Göttliches (und damit Unhinterfragbares) darzustellen, sich als deren unmittelbarer Vollstrecker auszugeben, und sich als der Bewahrer dieser Ordnung aufzuspielen. Im Gegensatz dazu könnte eine Sichtweise von »Welt«, in der statt dessen Prozesse des Werdens, des Vergehens und der Veränderung im Zentrum stehen, nur allzu schnell und allzu leicht die Erhaltung der Macht beeinträchtigen.

Ergo wurde eine Sicht vehement unterstützt und verbreitet, in der Selbstorganisation nicht vorkam, sondern in der eine einmal vorhandene Ordnung mühsam erhalten werden muß. Und diese Verbreitung geschah auf Kosten anderer Erfahrungen und Konzepte. Selbst im Bereich von Medizin und Psychotherapie – dort also, wo Menschen unmittelbar mit Menschen professionell umgehen – wurden Macht- und Kontrollideologien zur vorherrschenden Basis für Interventionstechnologien. Noch heute finden wir mehr Programme zur Selbst*kontrolle*, als zur Förderung von Selbst*vertrauen*. Entsprechend wurden beispielsweise psychosomatische Konzepte in der Medizin, und humanistische Ansätze in der Psychotherapie, in denen Prozesse autonomer Ordnungsbildung, Entfaltung, Kreativität und Selbstheilungskräfte eine zentrale Rolle spielen, lange als eher unwissenschaftlich belächelt oder gar diskreditiert.

Die Macht der alten Ordnung

Da die mächtige ideologische Ausblendung natürlicher Ord nungsvorgänge noch längst nicht überall überwunden ist, sollte man sich die gegensätzlichen Denkmuster von mechanistischem und systemischem Denken nochmals vor Augen führen, so wie Erwin Laszlo, Zukunftsforscher, UNESCO-Berater, Mitglied des Club of Rome und anderer Systemforschungsgruppen, sie vor wenigen Jahren zusammengefaßt hat (wobei ich nur einige Aspekte auswähle):

Mechanistisches Denken: Die Dinge sind getrennt von ihrem Umfeld: Menschen sind voneinander getrennt und innerhalb ihrer Organisationsformen und Gemeinschaften austauschbar und ersetzbar.

Systemisches Denken: Es gibt Beziehungen und Wechselwirkungen zwischen den Menschen untereinander, sowie zwischen Mensch und Natur; die Einheit und Zusammengehörigkeit in der natürlichen wie in der menschlichen Welt ist unverzichtbar.

Mechanistisches Denken: Die Menschen können und sollten die Natur in den Dienst ihrer eigenen höheren Ziele stellen.

Systemisches Denken: Die Menschheit ist ein organischer Teil innerhalb der sich selbst erhaltenden und selbst weiterentwickelnden Systeme der Natur, und sie sollten sich in die umfassende Ökologie der Biospähre einfügen.

Mechanistisches Denken: Materielles Wachstum ist der Gipfel sozialen Fortschritts, der sich am besten durch höheren Verbrauch von Energie, Rohstoffen und Ressourcen erreichen läßt.

Systemisches Denken: Die höchste Stufe des Fortschritts ereignet sich in verantwortlicher und verantwortbarer Entwicklung, in flexibler Übereinstimmung mit den Menschen, sowie in der richtigen Beziehung zwischen dem Menschen und anderen Spezies innerhalb der lebensnotwendigen Ausgewogenheit der Natur.

Mechanistisches Denken: Wie alle Organismen ist der menschliche Körper eine Maschine, deren Funktionsstörungen am besten durch sachliche Diagnose und unpersönliche Behandlung korrigiert werden; die Krankheiten des Geistes sind von denen des Körpers zu trennen und getrennt zu behandeln.

Systemisches Denken: Körper und Geist lassen sich nicht voneinander trennen; Sorge für die Gesundheit und Entwicklung des gesamten Organismus erfordert nicht bloßes Fachwissen, sondern auch Einfühlungsvermögen; nicht nur der physische und physiologische Zustand eines Menschen, sondern auch psychologische, soziale und Umweltfaktoren wollen beachtet werden.«[36]

Man möchte glauben, daß die Prinzipien systemischen Denkens heutzutage akzeptiert sind. Doch trotz der deutlichen Hinweise – Ozonloch, Klimaveränderung, Waldsterben – scheinen wir unfähig, die Richtung zu wechseln oder gar umzukehren. Noch immer stellen unsere Politiker 5% Wirtschaftswachstum als anzustrebende Glanztat hin, so als wäre nicht begreifbar, daß unser Planet nicht mitwachsen kann.

Selbst dort, wo die Einsicht in systemische Zusammenhänge bereits um sich gegriffen hat, scheint noch eine unüberbrückbare Kluft zu sein, diese Erkenntnisse auch tatsächlich handlungsrelevant werden zu lassen. So rief vor einigen Jahren der von mir sehr geschätzte damalige deutsche Bundespräsident, Richard v. Weizsäcker, mit folgenden Worten in einer Fernsehansprache zur Welthungerhilfe auf:

»...Wer hungert, schont die Natur nicht. Wie sollte er auch? Wer ums Überleben kämpft, rodet seinen Wald und exportiert das Holz. Die Folgen sind schrecklich, sowohl für die Natur als auch für den Menschen ...

Mit der Vernichtung von Regenwäldern rückt uns die

Grenzzone des Lebens und Überlebens immer mehr zusammen; denn die Regenwälder spielen nicht nur als Wasserspeicher, sondern auch als Regulator des Weltklimas, also auch des Klimas bei uns, eine unersetzliche Rolle. Ohne sie würden die Temperaturen steigen, die Wüsten wachsen, das Eis an den Polen schmelzen, ganze Küstenregionen im Meer verschwinden ...
Wem der Hunger in der Dritten Welt gleichgültig ist, der beschädigt die Natur und damit auch hierzulande die Zukunft seiner eigenen Kinder ...«[37]

Zunächst einmal mag es erfreulich sein, wenn von politischen Führern auf die Zusammenhänge öffentlich hingewiesen wird, die zwischen Hunger und der Zukunft der Menschen bestehen – nicht nur irgendwelcher Menschen irgendwo, sondern auch von uns und unseren Kindern.

Doch muß bezweifelt werden, daß wirklich (sowohl im Sinne von: »relevant für die Wahrnehmung von Wirklichkeit« als auch von: »Wirkung zeigend«) klar ist, was da an Zusammenhängen und Folgen erkannt und ausgesagt wurde. Wie wäre es sonst zu verstehen, daß ein moderner, hochkomplexer Industriestaat wie Deutschland, in dem es kaum noch nennenswerte Aktivitäten gibt, die nicht vom Staat organisiert werden, diese »Welthungerhilfe« individualisiert und dem Einzelnen als Spendenanliegen vorträgt?

Wenn wirklich klar wäre, daß davon die »Zukunft unserer Kinder« abhängt, müßte man nicht eher dem Verteidigungs- und dem Verkehrsminister zumuten, sich mit Spendenaufrufen für ihre Anliegen an die Bevölkerung zu wenden und die Haushaltsmittel für Rüstung und Straßenbau der Erhaltung der Regenwälder und ähnlicher, mit Überlebensfragen verbundenen Bereichen zur Verfügung stellen?

So kam denn auch für die Welthungerhilfe – von der »die Zukunft unserer Kinder abhängt« – im gesamten

Jahr 1990 rund 33 Millionen DM in Deutschland zusammen. Am Golfkrieg gegen Saddam Hussein hingegen wurden von Deutschland im gleichen Jahr binnen 14 Tagen nach Kriegsausbruch 15,5 Milliarden DM – also etwa das 500 fache – an zusätzlichen Militärausgaben bereitgestellt. Und während – wie jeden Tag – etwa 100.000 Kinder weltweit an Hunger starben, wurde von den kriegführenden Parteien allein für diesen Krieg über 1 Milliarde DM täglich aufgewendet.

Dies belegt, wie die ethische, moralische und soziale Entwicklung des Menschen weit hinter dem analytisch-wissenschaftlichen Fortschritt zurückgeblieben ist. Ob wir daher so stolz auf die Errungenschaften dieser abendländischen Wissenschaft sein sollten, wie wir uns selbst und der Welt immer noch weitgehend ungebrochen über alle Medien verkünden, werden wohl erst ferne Generationen beurteilen können.

Dabei gab es durch alle Zeiten hindurch immer wieder Einsichten in diese Zusammenhänge, die aber vom Mainstream als schwärmerische Romantik belächelt bis ignoriert wurden. So heißt es bereits in einer Rede des Häuptlings Seattle an den Präsidenten der U.S.A. im Jahre 1855: »Alles ist miteinander verbunden. Was die Erde befällt, befällt auch die Söhne der Erde. Der Mensch schuf nicht das Gewebe des Lebens, er ist darin nur eine Faser. Was immer Ihr dem Gewebe antut, das tut Ihr Euch selber an ... Fahret fort, Euer Bett zu verseuchen, und eines Nachts werdet Ihr im eigenen Abfall ersticken.«

Selbst wenn diese Rede, wie manche vermuten, nicht 1855 gehalten wurde, sondern eine spätere Nachdichtung ist, so ist diese Quelle doch weitaus früher entstanden als unsere modernen systemwissenschaftlichen Studien.

Noch früher hat der berühmte Philosoph Immanuel Kant ein sehr bedenkenswertes Beispiel dafür gegeben, wie der Verzicht auf die Einheit mit der Natur (bzw. der Verzicht auf dieses Ziel) zugunsten eines vordergründigen Effektivitätsdenkens auf Irrwege führt. In seiner Einleitung zur »Kritik der reinen Vernunft« heißt es: »Die leichte Taube, indem sie im freien Fluge die Luft theilt, deren Widerstand sie fühlt, könnte die Vorstellung fassen, daß es ihr im luftleeren Raum noch viel besser gelingen werde.«

Dieses Beispiel Kants ist nicht nur eine gute Metapher dafür, wie ein scheinbar »unliebsamer« Widerstand bei genauerer Betrachtung das tragende Moment des Lebens sein kann. Insofern handelt es sich um eine sehr schöne Metapher für viele Therapieprozesse. Darüber hinaus aber läßt sich über die Fragen nachsinnen, was wohl passieren würde, wenn der Wunsch der Taube nach größerer »Effektivität« erfüllt würde. Zweifellos würde sie wie ein Stein beziehungsweise wie ein »Super-Falke«, vom Himmel stürzen. Dies führt zur weitergehenden Frage, ob nicht auch in anderen Bereichen der Hang zur Effektivität und die Mißachtung des Eingebundenseins in die Natur aus »Tauben« – Symbole des Friedens – die gefürchteten »Falken« – Symbole von Krieg, Gewalt und Zerstörung – werden läßt!

Psychotherapie als Wegweiser einer lebensgerechteren Wissenschaft?

Ich habe Bubers dialogische Haltung, die in der Anfangsgeschichte zu diesem Kapitel deutlich wurde, mehrfach als Leitidee für eine lebensgerechtere Wissenschaft angeführt. Gleichzeitig habe ich sie auch als das für mich Wesentliche an Psychotherapie bezeichnet. Abschließend möchte ich daher kennzeichnen, welche Aspekte ich für bedeutsam an einer Psychotherapie halte, die sich als Wegweiser für eine lebensgerechtere Wissenschaft eignen könnte.

Vor allem gilt es zu beachten, daß viele der relevanten

Lebens- und Erlebensprozesse sich in selbstorganisierter Autonomie entfalten und sich damit designhaften, linear-kausalen Interventionsversuchen widersetzen, indem sie nur ihnen bereits inhärente Strukturmöglichkeiten verwirklichen.

Eine solche Psychotherapie, die dies würdigt und beachtet, ist notwendig auch ganzheitlich: Die Ausgrenzung eines »Systems« (unterhalb der gesamten »Weltevolution«) und die Trennung zwischen »System« und »Umwelt« ist ein Kunstprodukt. Eine solche Reduktion und Konstruktion kann für unseren begrenzten menschlichen Geist im Hinblick auf die Beantwortung bestimmter Fragen notwendig und sinnvoll sein. Gleichwohl ist wichtig, sich dieser künstlichen Begrenzung bewußt zu sein.

Ganzheitliche Psychotherapie bedeutet, dem anderen und seiner Weltsicht – wie »verrückt«, »pathologisch« oder fremdartig sie uns auf den ersten Blick auch erscheinen mag – *Achtung* entgegenzubringen, als *einer* Entfaltung von Leben unter gegebenen (und von uns allen mitgestalteten) Bedingungen.

»Achtung« ist für mich daher das zentrale Moment. Zum konkreteren Verständnis dessen, was mit »Achtung« gemeint sein soll, möchte ich als unterschiedliche Aspekte, in denen sich diese Achtung ausdrückt, »*Zuwendung*«, »*Begegnung*« und »*Vertrauen*« thematisieren und im folgenden kurz charakterisieren.

Zuwendung beinhaltet Ruhe und Gelassenheit, mit der der andere betrachtet wird – ohne sich von der Vorstellung leiten zu lassen, eingreifen, korrigieren oder verändern zu müssen. Vielmehr geht es darum, mit Neugier und Interesse diese einmalige Lebensmanifestation in möglichst vielen Facetten sehen zu wollen.

Sehr hilfreich ist dabei die Leitfrage: »Wie mag es jemandem gehen, der das sagt, was er sagt (bzw. der sich so verhält, wie er sich verhält)?«

Zuwendung meint also auch Nicht-Interventionismus

in einer bestimmter Weise. Indem aber Menschen wie LaoTse, Buber oder Rogers einerseits einen solchen Nicht-Interventionismus gepredigt haben, andererseits den Lebensweg vieler Mitmenschen in hohem Maße beeinflußten, wird deutlich, daß diese Haltung keineswegs ein teilnahmsloses Zuschauen ist. Vielmehr bedeutet achtungsvolle Zuwendung, sich der Verantwortung in den vielfältigen Rollen und Facetten des Eingebundenseins in dieser Welt nicht zu entziehen, sondern diese durchaus als Anfragen zur Mitwirkung zu verstehen.

Der Horizont freilich, vor dem die Antworten auf solche Anfragen gesucht werden, ist bei dieser Haltung dadurch gekennzeichnet, daß versucht wird, den Gefordertheiten der Gesamtsituation nach bestem Wissen und Gewissen gerecht zu werden. Es schwingt also immer auch die Frage im Sinne der Deutung Bubers mit: »Adam, wo bist Du?«

Daß unsere begrenzte menschliche Einsicht in diese Gefordertheiten von Gesamtsituationen auch Scheitern und Schuld ermöglicht, ist der Preis für die Entscheidungsfreiheit.

Begegnung beinhaltet, sich mit seiner ganzen Person und Lebensgeschichte einzubringen (wobei zwischen »Privatem« und »Persönlichem« ein großer Unterschied besteht. Denn Privates des Therapeuten gehört in der Regel nicht in eine Therapie, wohl aber alles Persönliche). Begegnung bedeutet aber auch, sich als aufrichtiges Gegenüber einzubringen und so Grenzen deutlich werden zu lassen.

Eine Begegnung findet immer an den Kontaktgrenzen statt, was Gelegenheit gibt, diese zu erfahren, zu spüren, zu überprüfen. Da dies für alle Beteiligten gilt, ist der Therapeut gefordert, sich einerseits selbst als Grenze für das Erleben des Klienten zu setzen, andererseits seine Bereitschaft und Fähigkeit zu kultivieren, ständig die eigenen Grenzen in Frage zu stellen und neu zu erfahren.

Vertrauen beinhaltet die Einsicht, daß Wachstums- und Veränderungsprozesse als Entfaltung und Ausdifferenzierung von Vorhandenem stattfinden. Dies kann durch »ungünstige« Bedingungen behindert und durch »günstige« gefördert werden.

Der Mensch wird demnach nicht als »Mängelwesen« begriffen, dem durch Erziehung oder Therapie einfach etwas additiv hinzugefügt werden kann. So wie man eine Blume auch nicht dadurch zum Blühen bringt, daß man Blütenblätter anklebt, oder die Knospe zur »richtigen« Form zurechtzerrt, sondern indem man bestenfalls auf die Bedingungen (Sonne, Wasser, Nährstoffe) zur Entfaltung der ihr eigenen Form achtet (z.B. einen Bretterzaun, der die Sonne verdeckt, entfernt).

Vertrauen meint aber auch, dem anderen grundsätzliche Redlichkeit zu unterstellen und faktisches »Widersetzen«, »Täuschen« oder »Hintergehen« in der Therapie als Ausdruck von im bisherigen Leben erworbenen Behinderungen und Hindernissen auf dem jeweiligen Weg zu verstehen (wobei »verstehen« nicht mit »gutheißen« verwechselt werden darf).

Es ist nun keineswegs mein Plädoyer, die charakterisierte Grundhaltung ganzheitlicher Psychotherapie einfach für die Wissenschaft zu übernehmen. Vielmehr möchte ich vorschlagen, die eben genannte therapeutische Leitfrage: »*Wie mag es jemandem gehen, der das sagt, was er sagt?*« für wissenschaftliche Kommunikation etwas abzuwandeln, und zu fragen: »*Was mag jemand wirklich meinen, welche Erfahrung will er transportieren, was beschäftigt ihn, welche Grundfragen leiten ihn, der das sagt, was er sagt?*«.

Das würde bedeuten, bei der Aufnahme der Information nicht sofort nach Schwächen und Gegenargumenten zu suchen, sondern danach, was sich mit den eigenen Erfahrungen und Sichtweisen zu neuen Bildern kombinieren läßt.

Dies ist keineswegs ein Plädoyer für »unkritische« Wissenschaft, in der Unklarheiten sich beliebig vermehren, wie es auf den ersten Blick scheinen könnte. Vielmehr werden Inhalte hinsichtlich ihres Beitrags zum gemeinsamen Verständnis von »Lebenswelt« (oder eines Ausschnittes daraus) hinterfragt und können geklärt oder modifiziert werden.

Ideen müssen sich dann nicht primär gegen andere behaupten oder in destruktive Konkurrenz zu diesen treten, sondern können, in konstruktiver Konkurrenz miteinander kombiniert, zu komplexeren und tieferen Einsichten führen.

Verbunden mit Bubers Deutung des »Adam, wo bist Du?« könnte dies in die weitergehenden Leitfrage münden, nämlich: »*Wo stehen wir als Menschen, die wir Wissenschaft treiben, in dieser Welt?*«

»Tu Deinen Mund auf für die Stummen«, hat Dietrich Bonhoeffer, der von den Nazis im KZ Flossenbürg umgebrachte Theologe, im Dritten Reich als »mindeste Forderung der Bibel« angemahnt.[38] Und auch Psychotherapeuten sehen es als ihre Aufgabe an, Lebensprozesse der ihnen anvertrauten Menschen zur Sprache zu bringen. Analog dazu könnten sich Wissenschaftler unter der eben genannten Leitfrage aufgerufen sehen, sich so sehr als Teil der Natur und ihrer Evolution zu begreifen, daß sie, je nach Disziplin, versuchen, die Natur oder eben die Mitwelt zur Sprache zu bringen. Der Mensch, dem die Evolution Sprache verliehen hat, würdigt diese Gabe, indem er sich bemüht, auch die anderen Bereiche der Schöpfung zur Sprache zu bringen. Welche Aufgabe könnte für einen Wissenschaftler würdiger und angemessener sein?

Wer dies versucht, muß freilich mit der Gefahr rechnen, daß er früher oder später in den oben aufgezeigten Dignitätskonflikt gerät. Für mich ist eine der größten Herausforderungen, die Angst zu überwinden, sich lächerlich zu machen. Denn diese Angst kann auch da zur Anpassung führen, wo die eigene Position eingebracht werden müßte.

Hermann Hesse, der selbst lange Zeit von der Literaturkritik abgewertet und als naiver Schwärmer diskreditiert wurde, hat die anpaßlerische Reduktion in einem schönen Gedicht glossiert:

Die ewig Unentwegten und Naiven
Ertragen freilich unsre Zweifel nicht.
Flach sei die Welt, erklären Sie uns schlicht,
Und Faselei die Sage von den Tiefen.

Denn sollt es wirklich andre Dimensionen
Als die zwei guten, altvertrauten geben,
Wie könnte da ein Mensch noch sicher wohnen,
Wie könnte da ein Mensch noch sorglos leben?

Um also einen Frieden zu erreichen,
So laßt uns eine Dimension dann streichen!

Denn sind die Unentwegten wirklich ehrlich,
und ist das Tiefensehen so gefährlich,
Dann ist die dritte Dimension entbehrlich.

Doch natürlich meint Hesse dies ironisch bis sarkastisch – genau auf diese Reduktion dürfen wir uns nicht einlassen. Eine lebensgerechtere Wissenschaft ist nur um den Preis des Nicht-Reduktionismus, des Zulassen von mehr Chaos, der Anerkenntnis unberechenbarer, einmaliger Lebensprozesse, zu haben.

Wir können uns hinter Technik und Methodik verstecken. Wir können uns taub stellen. Aber wir können der Frage »Adam, wo bist du?« letztlich nicht ausweichen – weder der Anfrage an uns persönlich, noch der Anfrage an uns als Gesellschaft.

IV. Ist die Welt in Ordnung?

Von Wissen und Unwissen

Als ich den Zwillingen John und Michael 1966 in einem staatlichen Krankenhaus zum erstenmal begegnete, waren sie ... sechsundzwanzig Jahre alt und seit ihrem siebten Lebensjahr in Heilanstalten gewesen. In der Diagnose hatte man sie mal als autistisch, mal als psychotisch, mal als erheblich retardiert bezeichnet. ...

Wenn man ihre Rechenfähigkeit untersucht, schneiden sie ... so schlecht ab, wie es ihre IQs von sechzig auch nahelegen. Sie scheitern an einfachen Additionen oder Subtraktionen, und was Multiplizieren bedeutet, können sie nicht einmal begreifen...

Ihr Zahlengedächtnis ist ungeheuerlich, vielleicht sogar unbegrenzt. Mit gleichbleibender Lässigkeit wiederholen sie drei-, dreißig oder dreihundertstellige Zahlen ... Die Zwillinge können uns für jeden Tag ihres Lebens (etwa von ihrem vierten Lebensjahr an) berichten, wie das Wetter war und welche Ereignisse stattgefunden haben. Ihre Art zu reden ... ist gleichzeitig kindlich, detailbesessen und ohne Emotionen. Man nennt ihnen ein Datum, sie verdrehen einen Moment lang die Augen, blicken dann starr vor sich hin und erzählen mit flacher, monotoner Stimme vom Wetter, von den wenigen politischen Ereignissen, von denen sie gehört haben, und von Erinnerungen aus ihrem Leben ...

Und wenn man sie fragt, wie sie so viel in ihrem Gedächtnis bewahren können – eine dreihundertstellige Zahl oder die Milliarde Ereignisse von vier Jahrzehnten, so sagen sie ganz einfach: »Wir sehen es.« ...

Eine Streichholzschachtel fiel von Tisch, und der Inhalt lag verstreut auf dem Boden. »Hundertelf«, riefen beide gleichzei-

tig; dann murmelte John »Siebenunddreißig«. Michael wiederholte das, John sagte das ein drittes Mal und hielt inne. Ich zählte die Streichhölzer – das dauerte einige Zeit –, und es waren einhundertelf.

»Wie konntet Ihr die Hölzer so schnell zählen?« fragte ich sie. »Wir haben sie nicht gezählt«, antworteten sie. »Wir haben die Hundertelf gesehen.« ... »Und warum habt ihr Siebenunddreißig gemurmelt und das zweimal wiederholt?« fragte ich die Zwillinge. Sie sagten im Chor: »Siebenunddreißig, siebenunddreißig, siebenunddreißig, hundertelf.«

Und dies fand ich noch verwirrender. Daß sie einhundertelf – die »Hundertelfheit« blitzartig »sehen« können sollten, war ungewöhnlich ... Doch dann hatten sie die Zahl Hundertelf noch in »Faktoren« zerlegt, ohne über eine Methode für diesen Vorgang zu verfügen, ja ohne (im üblichen Sinne) zu »wissen«, was ein Faktor überhaupt ist... »Wie habt ihr das herausbekommen?« fragte ich ziemlich erbost. Sie erklärten, so gut sie konnten, in armseligen, unzureichenden Begriffen – aber vielleicht gibt es hierfür auch keine passenden Worte –, sie hätten es nicht herausbekommen, sondern es nur blitzartig gesehen ...

... (sie saßen) zusammen in einer Ecke, mit einem rätselhaften, heimlichen Lächeln auf ihren Gesichtern, einem Lächeln, das ich noch nie zuvor gesehen hatte ... Ich näherte mich ihnen vorsichtig, um sie nicht zu stören ... Es hatte den Anschein, als seien sie in eine einzigartige, rein numerische Unterhaltung vertieft. John nannte eine Zahl, eine sechsstellige Zahl. Michael griff die Zahl auf, nickte, lächelte und schien sie sich gewissermaßen auf der Zunge zergehen zu lassen. Dann nannte er seinerseits eine andere sechsstellige Zahl, und nun war es John, der sie entgegennahm und auskostete ... Verwirrt und wie gebannt saß ich, ohne von ihnen bemerkt zu werden, ganz still da ... Ich begnügte mich damit die Zahlen aufzuschreiben, die sie hervorbrachten ...

Zu Hause beugte ich mich über Tabellen von Logarithmen, Potenzen, Faktoren und Primzahlen ... Die Vorahnung, die ich bereits gehabt hatte, wurde nun zur Gewißheit: Alle Zahlen, jene sechsstelligen Zahlen, die die Zwillinge untereinander ausgetauscht hatten, waren Primzahlen – das heißt Zahlen, die nur durch eins oder durch sich selbst zu teilen sind ...

Am nächsten Tag besuchte ich sie wieder in ihrer Abteilung. Mein Buch mit den Tabellen und Primzahlen hatte ich mitgebracht. Wieder fand ich sie in ihrer Zahlenandacht vereint, aber diesmal setzte ich mich, ohne ein Wort zu sagen, zu ihnen ... Nach einigen Minuten beschloß ich, ebenfalls mitzuspielen, und nannte eine achtstellige Primzahl. Beide wandten sich mir zu und schwiegen plötzlich. Auf ihren Gesichtern lag ein Zug von intensiver Konzentration und vielleicht auch Erstaunen. Es entstand eine lange Pause – die längste, die ich sie je hatte machen sehen, sie muß eine halbe Minute oder länger gedauert haben –, und dann begannen sie plötzlich gleichzeitig zu lächeln. Nach einer rätselhaften gedanklichen Prüfung hatten sie mit einemmal meine eigene achtstellige Zahl als Primzahl erkannt, und das bereitete ihnen offenbar große Freude, eine doppelte Freude: einmal, weil ich sie mit einem verlockenden neuen Spielzeug bekannt gemacht hatte, einer Primzahl, der sie noch nie zuvor begegnet waren, und zum zweiten, weil es ganz offensichtlich war, daß ich erkannt hatte, was sie taten, daß es mir gefiel, daß ich es bewunderte und mich daran beteiligen konnte ...

John ... nannte eine neunstellige Zahl; nach einer Pause antwortete sein Bruder Michael mit einer ähnlichen Zahl. Als nun die Reihe wieder an mir war, warf ich heimlich einen Blick in mein Buch und steuerte meinen eigenen, ziemlich unehrlichen Beitrag bei: eine zehnstellige Primzahl, die ich in den Tabellen gefunden hatte.

Wieder und noch länger als zuvor herrschte verwundertes Schweigen. Nach eingehender Kontemplation nannte John schließlich eine zwölfstellige Zahl. Ich konnte sie weder überprüfen noch mit einer eigenen Zahl antworten, denn mein Buch – das meines Wissens einmalig in seiner Art war – hörte bei zehnstelligen Primzahlen auf. Aber Michael war der Herausforderung gewachsen, wenn er auch fünf Minuten dafür brauchte

– und eine Stunde später tauschten die Zwillinge zwanzigstellige Primzahlen aus. Das jedenfalls nahm ich an, denn ich besaß keine Möglichkeit, diese Zahlen zu überprüfen. Das war damals, im Jahre 1966 auch gar nicht so einfach ... es gibt keine einfache Methode, Primzahlen in dieser Größenordnung zu errechnen.

(Oliver Sacks)[39]

*

An dieser Falldarstellung mag zunächst die für Laien schier unglaubliche Fähigkeit der beiden »debilen Autisten« (um diese diagnostischen Begriffe zu verwenden) beeindrucken. Doch sind solche Fähigkeiten in vielen Aspekten keineswegs einmalig. Ähnliches ist auch von anderen berichtet worden, wobei man etliche Hinweise auf vergleichbare »Fälle« aus Sacks Darstellung selbst entnehmen kann. Einer breiteren Bevölkerung wurde die Szene mit den Streichhölzern (umgedichtet) über den bekannten Film »Rainman« bekannt, in dem Dustin Hoffmann recht überzeugend einen Autisten spielte und – jenseits solcher spektakulären Phänomene – vielen Menschen nahebrachte, was sich hinter der Bezeichnung »Autismus« für Erfahrungen verbergen. Aber auch das »Zahlenwunder« Zacharias Dase[40], dem ebenfalls mindere Intelligenz bescheinigt wurde, konnte auf Anhieb »sehen«, wieviel Erbsen aus einem Glas geschüttet wurden, auch wenn es weit über hundert waren.

Verwunderlich sind solche »Begabungen« allemal, und es ist interessant, daß gerade geistig zurückgebliebene oder stark behinderte Menschen (immer aus der Sicht von uns »Normalen«) überproportional solche Fähigkeiten aufweisen. Jene, die uns aus der üblichen Alltagsperspektive (und auch aus der üblichen Perspektive der Wissenschaft, einschließlich der Psychologie) als beschränkt, dumm und unwissend erscheinen, warten hier mit einem

Wissen auf, vor dem wir nur unsere eigene Unwissenheit bekennen müssen. Denn wir haben nicht einmal den Zipfel einer Erklärung dafür in der Hand (jedenfalls wenn man »Erklärung« im wissenschaftlichen Kontext meint).

Die Gedächtnisleistung und die »mathematische Sonderbegabung« für das »Erkennen« von Primzahlen der beiden Zwillinge (und übrigens zumindest einiger weiterer dokumentierter Fälle) mag schon wundersam sein. Dies ist offenbar auch der Grund, weshalb der bekannte Psychiater Oliver Sacks diesen Fallbericht veröffentlicht hat. Doch die Fallgeschichte sprengt selbst den Rahmen der unerklärlichen Sonderbegabungen, wenn wir uns auf einen Perspektivwechsel einlassen: Nämlich nicht nur nach den Fähigkeiten selbst fragen, sondern auch danach, was diese Fähigkeiten *bedeuten*. Dabei meine ich »bedeuten« im wörtlichen Sinn: Auf was deuten diese Menschen mit ihren Fähigkeiten hin? Was *jenseits* dieser Menschen tut sich da kund?

Es geht somit um die viel weitergehende Frage, zu der uns dieser Bericht führt: »Was in aller Welt (und auch das ist durchaus wörtlich zu verstehen) *bedeuten* Primzahlen, daß zwei debile Autisten ihre Primzahlhaftigkeit *sehen* können?« Was auch immer genau mit »sehen« gemeint sein mag, diese Zahlen müssen offenbar etwas in der Welt widerspiegeln, das sie von anderen abhebt, und was jenseits der Kulturleistung »Mathematik« erschaubar ist.

Diese Perspektive mag so unüblich sein, daß ich sie noch etwas weiter ausführen will: Wenn wir von Sonderbegabungen hören, beispielsweise von einem Kind, das mit sechs Jahren konzertreif Klavier spielt, so stülpen wir bei aller Bewunderung unser Modell üblicher Alltagserfahrung über dieses Phänomen. Das Besondere erklären wir dabei *quantitativ* aus dem Üblichen: Dieser Mensch »hat« dann beispielsweise einfach eine »bessere genetische Kombination«, die ihn zum Beispiel sehr viel schneller Klavier »lernen« läßt. Wenn jemand nach 10 Jahren

Unterricht hervorragend Klavier spielen kann, warum sollte es nicht ein anderer, einfach schneller, in 5 Jahren lernen können, und ein noch anderer in 2 Jahren?

Ähnlich würden wir vielleicht die Merkfähigkeit der Zwillinge erklären wollen: Üblicherweise können wir etwa sieben Ziffern wiederholen. Dies läßt sich durch viele Techniken steigern, schwankt darüber hinaus aber auch noch individuell. Und wenn jemand statt 8 nun 15 Ziffern wiederholen kann, warum nicht ein anderer 30, und noch ein anderer 50, 100, 200 oder gar 300 Ziffern? Wir wundern uns dann zwar über diese exorbitante quantitative Steigerung, haben im Detail keinerlei Erklärung dafür, aber *im Prinzip* scheint es erklärt zu sein.

Auch das Streichholz-Beispiel könnte man so über eine außerordentliche *quantitative* Steigerung der Wahrnehmungsfähigkeit und Auffassungsschnelligkeit und -weite erklären wollen.

Anders aber verhält es sich mit der »Primzahl-Unterhaltung« der Zwillinge: Hier kommen wir nicht umhin, einen *qualitativen* Sprung konzedieren zu müssen. Bei allen Rechentricks, bei allen Alternativen zu unserer üblichen Arithmetik (z.B. in Form von »Modularithmetiken«[41]): sechs-, zehn- oder gar zwanzigstellige Primzahlen lassen sich nicht »einfach« berechnen, schon gar nicht von Menschen, die nicht einmal einfachste Multiplikationen vollziehen können. So schwer es uns fällt, wir müssen die »Erklärung« der Zwillinge akzeptieren, sie könnten dies »sehen«. Dann müssen wir aber auch, vielleicht noch notgedrungener, akzeptieren, daß es da »etwas« zu »sehen« gibt. Das heißt, die Zwillinge bringen etwas von einer grundlegenden Ordnung »zur Sprache«, das uns »Normalen« verborgen ist.

Die vielen Anführungszeichen machen deutlich, wie groß unser Unwissen beziehungsweise wie eng die Grenzen unseres Wissens sind. Die genaue Bedeutung all dieser Begriffe – zum Beispiel von »sehen« – ist in diesem Zusammenhang recht unklar. Es mag uns aber eine Passage aus einem Dialog der beiden Physik-Nobelpreisträger Pauli und Heisenberg beruhigen:[42]

»Pauli: Ja, ja, die Positivisten können natürlich jetzt einwenden, daß du unklar daher schwafelst, und sie können stolz sein, daß ihnen so etwas nicht passieren kann. Aber wo ist mehr Wahrheit, im Unklaren oder im Klaren?...

Heisenberg: Für den Positivisten gibt es eine einfache Lösung: Die Welt ist einzuteilen in das, was man klar sagen kann, und das worüber man schweigen muß. Also müßte man hier eben schweigen. Aber es gibt wohl keine unsinnigere Philosophie als diese. Denn man kann fast nichts klar sagen. Wenn man alles Unklare ausgemerzt hat, bleiben wahrscheinlich nur völlig uninteressante Tautologien übrig.«

Grenzen der Ordnung

Sowohl als Alltagsmenschen wie auch als Wissenschaftler blenden wir diese Tatsachen des Lebens gerne aus. Denn sie passen nicht in unsere Vorstellungen von einer einfach geordneten Welt und schon gar nicht in unsere wissenschaftlichen Theorien. Vieles, was an Absonderlichem im Bereich psychischer oder gar transpersonaler Phänomene berichtet wird, halten wir ohnedies für unglaubwürdig – erfunden von Menschen, die andere bewußt täuschen wollen oder aber sich von Menschen oder Zufallseffekten in allzu gutem Glauben selbst täuschen ließen.

Es gibt eine große Fülle an Berichten, wo wir mit diesem abwehrenden Urteil sicher richtig liegen. Aber den nicht unbeträchtlichen »Rest«, der sich nicht so einfach wegerklären läßt, der unsere Ordnung allzu sehr hinterfragen würde, blenden wir, wie gesagt, einfach aus. So wie wir auch aus der Alltagswelt gewöhnlich ausblenden, daß jeden Tag rund hunderttausend Kinder an Hunger sterben, während ein Busunglück auf einem fernen Kontinent mit zwanzig Toten für Schlagzeilen sorgt. Wir blenden aus, wie mit unserer Technologie und der Anwendung unseres Wissens, auf das wir als Kulturleistung so stolz sind, in jedem Augenblick und an vielen Orten der Welt Menschen verfolgt, gefoltert, massakriert, von unseren Tretminen zerfetzt, von Giftgas bedroht und von unseren exportierten Waffen getötet werden. Dies und vieles andere mehr, das unsere Alltagssicherheit zu stark tangieren würde, lassen wir nicht in unser Bewußtsein – auch wenn wir es hie und da als Nachricht zur Kenntnis nehmen. Wir brauchen die Sicherheit, mit der wir in einem zivilisierten, demokratischen Land leben, regiert von Parteien, die Begriffe wie »christlich«, »freiheitlich«, »sozial« im Schilde führen – und daß das »Furchtbare«, irgendwo draußen in der Welt, jenseits unserer geographischen und alltagsbewußten Grenzen, allerhöchstens indirekt etwas mit uns zu tun hat. Wenn wir uns wirklich darauf einließen, das heißt, diese Nachrichten als einen relevanten Teil *unseres* Lebens auf *unserem* Planeten in unser Bewußtsein einließen, vielleicht sogar unser Mitwirken zu einem erschreckend hohen Anteil daran eingestehen würden, so könnten wir schwerlich, oder nur äußerst mühsam, die Gefühle von Ohnmacht, Wut, Trauer, Verzweiflung und nicht zuletzt auch von Angst in ein hinreichend »normales« Alltagsleben integrieren.

Analog dazu müssen wir auch aus unserer wissenschaftlichen Welt alle jene Phänomene verbannen, die allzusehr an den Grenzen der jeweiligen Fachwelten rühren würden. Die für die Wissenschaft typischen »Abenteuer« und »revolutionären Neuerungen« paßten zumindest immer in Rahmen, für die sich am Horizont Theorien oder Erklärungen abzeichneten oder deren Fragen aus dem Kontext normaler Wissenschaft in das ferne Unbekannte reichten. Menschen mit außergewöhnlichen Begabungen aber passen (sofern sie nicht in den Rahmen der

Hochbegabtenforschung passen) nicht ins Weltbild, besonders die Kombination von außergewöhnlichen Begabungen mit dem, was wir »geistige Behinderung« nennen. Wenn jemand ein Glas mit Erbsen ausschüttet, und ein eher minderbegabt wirkende Mensch ruft sofort »Hundertdreiundachtzig« (was sich dann als richtig erweist, und, mit anderen Mengen, reproduzierbar ist), so tangiert dies so viele unserer gegenwärtigen psychologischen, physiologischen und pädagogischen Theorien, daß wir besser nicht daran denken. Was wir als hinreichend gesichertes Wissen über Wahrnehmung, Lernen, Entwicklung kognitiver Fähigkeiten und vieles andere ansehen, würde in einem viel zu bedrohlichen Ausmaß relativiert werden. Ergo werden diese Phänomene theoretisch nicht integriert, sondern, gelegentlich, als klinische Fallgeschichten erfaßt, unter »Kuriosa« in einen recht hermetisch abgeschlossenen Sonderbereich abgelegt und für die »normale« Wissenschaft ausgeblendet. Unser Denken und Handeln kann sich dann ungefährdeter in den Grenzen des »Normalen« bewegen.

Sacks' Fallbericht endet denn auch damit, daß »man beschloß, die Zwillinge ›zu ihrem eigenen Besten‹ zu trennen, um ihre ›ungesunden Zwiegespräche‹ zu unterbinden und sie (wie es im medizinsoziologischen Jargon hieß) ›in die Lage zu versetzen, ihrer Umwelt in einer sozial akzeptablen, angemessenen Art entgegenzutreten‹«. Tatsächlich entwickelten sie nach der Trennung eine gewisse Selbständigkeit, und sie konnten in halboffenen Anstalten »unter strenger Aufsicht niedere Arbeiten verrichten.« Doch, so Sacks, »ohne ihren wechselseitigen ›Austausch‹ von Zahlen ... haben sie offenbar ihre merkwürdige numerische Kraft verloren und damit auch die größte Freude und den Sinn ihres Lebens. Allerdings scheint man das für einen angemessenen Preis dafür zu halten, daß die beiden jetzt fast unabhängig und ›sozial akzeptabel‹ sind.«

Hier wurden Menschen somit wieder unseren Zwangsordnungen unterworfen, ihr »Unwissen« unserem »Wissen« hinreichend angepaßt und in unsere Grenzen verwiesen.

Archetypische Ordnung

Bei aller Unwissenheit erinnert die »Erklärung« der Zwillinge John und Michael (und anderer Menschen mit ähnlichen Fähigkeiten), daß sie die Eigenschaften der Zahlen bzw. die Zahlhaftigkeit des Geschehens (fallende Streichhölzer, ausgeschüttete Erbsen) »sehen«, an die Konzeption von Archetypen, wie sie besonders in der Zusammenarbeit zwischen Pauli und dem Psychologen und Therapeuten C.G. Jung Mitte dieses Jahrhunderts entstand. In einem gemeinsamen Buch von 1952, unter dem Titel »Naturerklärung und Psyche« schreibt Pauli in seinem Beitrag »Der Einfluss archetypischer Vorstellungen auf die Bildung naturwissenschaftlicher Theorien bei Kepler« gleich im ersten Abschnitt:
»Der Vorgang des Verstehens der Natur ... scheint demnach auf einer Entsprechung, einem Zur-Deckung-Kommen von präexistenten inneren Bildern der menschlichen Psyche mit äußeren Objekten und ihrem Verhalten zu beruhen. Diese Auffassung der Naturerkenntnis geht bekanntlich auf Plato zurück und wird ... auch von Kepler in sehr klarer Weise vertreten. ... Diese Urbilder, welche die Seele mit Hilfe eines angeborenen Instinktes wahrnehmen könne, nennt Kepler *archetypisch*. Die Übereinstimmung mit den von C.G. Jung in die moderne Psychologie eingeführten ... *Archetypen* ist eine sehr weitgehende... Die moderne Psychologie ... hat die Aufmerksamkeit wieder auf die vorbewußte, archaische Stufe der Erkenntnis gelenkt. Auf dieser Stufe sind an Stelle von klaren Begriffen Bilder mit starkem emotionalem Gehalt vorhan-

den, die nicht gedacht, sondern gleichsam malend geschaut werden.«[43]

Beachtet werden muß dabei, daß bei Jung und Pauli – und später von Jungs Mitarbeiterin Marie-Louise von Franz weiter ausgearbeitet – auch Zahlen ein hoher archetypischer Charakter zukommt. So schreibt Pauli in einem Brief an Jung vom 31.3.1953: »... man muss unterscheiden zwischen den mathematischen Begriffen und den Erlebnissen der Mathematiker (welch letztere sicher in ihrer Psyche stattfinden). Andererseits scheint es mir wichtig, dass der archetypische Hintergrund des Zahlbegriffes nicht vergessen wird. (Unter den Mathematikern selber war eine Zeit lang eine merkwürdige Tendenz vorhanden, die mathematischen Aussagen zu blossen Tautologien zu degradieren. Dieser Versuch scheint aber nun gescheitert, da es nicht möglich war, auf diese Weise die Widerspruchsfreiheit der Mathematik einzusehen). Es ist dieser Zahl-archetypus, welcher die Anwendung der Mathematik in der Physik letzten Endes ermöglicht. Andererseits hat der gleiche Archetypus eine Beziehung zur Psyche.«[44]

Pauli, der als einer der bedeutendsten Physiker dieses Jahrhunderts gilt, nahm somit die Frage nach den Grundlagen seiner Wissenschaft so ernst, daß er nicht an den Grenzen der physikalischen Fachdisziplin haltmachte. Vielmehr ging er der Frage nach: Woher kommt eigentlich die Struktur unserer physikalischen Erkenntnis und die Struktur der Gesetze, welche diese Erkenntnis ausdrükken?

Nachdem die Physik in diesem Jahrhundert den Beobachter – und damit auch dessen Bewußtseins- und Erkenntnisform – wieder in die Naturwissenschaft einführen mußte, war eigentlich klar, daß zu einer wirklich vollständigen Beschreibung »der Welt« (an der wohl alle großen Physiker arbeiten) »eine künftige, Physis und Psyche einheitlich umfassende Naturbeschreibung ... (gehört), von der wir heute aber nur eine vorwissenschaftliche Stufe erleben. Zur Erreichung einer solchen einheitlichen Naturbeschreibung scheint zunächst ein Rückgriff auf die archetypischen Hintergründe der naturwissenschaftlichen Begriffe notwendig zu sein.«[45]

Der Mut und die Perspektive, in einer so elaborierten und als »objektiv« angesehenen Wissenschaft, wie die der Physik, nach den psychischen Quellen der Welterfahrung und ihres gesetzmäßigen Ausdrucks zu fragen, kam Anfang dieses Jahrhunderts nicht von ungefähr. Vielmehr steht dies wohl im Zusammenhang mit der Tatsache, daß durch Sigmund Freud das Unbewußte ebenfalls zu Beginn dieses Jahrhunderts einen großen Bedeutsamkeitsschub erhalten hat. Zwar wurde das Unbewußte schon zuvor von zahlreichen anderen betont, doch der Erfolg der Psychoanalyse als ein *breites* kulturhistorisches Denkprogramm machte dieses Konzept erst publik. Binnen kurzer Zeit war die Einsicht allgemein gewachsen, daß unser Bewußtsein nicht so sehr der Steuermann unseres Lebens ist, wie man unhinterfragt angenommen hatte. Vielmehr ist das, was wir uns so gern als unseren ureigenen Teil zuschreiben, das, worauf wir zielgerichtetes Handeln oder Aspekte wie Verantwortung begründen, vergleichbar mit einem Schifflein, das auf einem ungeheuren Strom des Unbewußten dahintreibt. Dessen Strömungen, Richtungen und Strudel erfahren wir oft nur an den Auswirkungen auf das Bewußtseinsschiff, ohne diese aber je perfekt vorhersagen und kontrollieren oder auch nur die Untiefen ausloten zu können. Wer kann schon wissen, ob ihn diese Unterströmung nicht am morgigen Tag ein Stück aus der Normalität des Alltags verrückt?

Auch wenn wir inzwischen umfangreiche Kenntnisse über die eher günstigen und die eher ungünstigen Bedingungen für die »Normalität« unseres Bewußtseins haben – eine Garantie gibt es nicht. Wir können nie wirklich sicher sein, daß – wie im ersten Kapitel formuliert wurde – nicht das Chaos von den Rändern unserer Lebenswelt in diese hereinbricht. Kurz: Wir sind lange nicht so perfekt Herr im eigenen Haus unserer Gedanken und unseres Bewußtseins, wie wir dies lange Zeit vor Sigmund Freud glaubten oder gewöhnlich auch jetzt noch in unserer Alltagswelt unterstellen. Und zwar: *notwendig* unterstellen. Denn die ständige Frage: »Wie kann ich sicher sein, daß ich jetzt nicht träume, daß ich mir nicht nur einbilde hier zu sein, daß ich nicht verrückt bin?«, solches permanente Fragen und sich Versichern, würde gerade als Zeichen von Verrücktheit wahrgenommen werden.

Doch trotz unserer Alltagssicherheit, unhinterfragt Herr im eigenen Haus der Gedanken zu sein, kennt auch jeder »Normale« von uns die Momente unter Streß, unter belastenden Lebensumständen, wo unsere Gedanken ihre eigenen Wege gehen. Wo unser Bewußtseinsschiff, wenn ich dieses Bild nochmals wähle, von den reißenden Fluten einfach mitgeführt wird, wo die Wellen sich quasi überschlagen, und der sonst scheinbar so sichere Strahl des Bewußtseins wie Irrlicht auf dem dahinbrausenden Strom tanzt. Ich bin sicher, jeder kennt Momente, wo die Gedanken quasi ein Eigenleben entfalten.

Wenn wir aber – genaugenommen – so viel weniger Herr im Hause unserer Gedanken sind, als wir im Alltag vermuten, so drängt sich die Frage auf: Was ordnet eigentlich die Gedanken? – und damit: Woher kommt eigentlich die Ordnung dieser Welt, so, wie sie sich in unserem Bewußtsein ergibt?

Man kann sich daher gar nicht oft genug klarmachen, daß – wie der Mathematiker und Philosoph Betrand Russell es ausdrückte – »das gesamte Rohmaterial unseres Wissens aus seelischen Vorgängen im Leben einzelner Menschen (besteht).«[46] Das gilt natürlich auch für unser naturwissenschaftliches Wissen. Daher weist Pauli auch klar den empiristischen Standpunkt zurück: »Ich hoffe, daß niemand mehr der Meinung ist, daß Theorien durch zwingende logische Schlüsse aus Protokollbüchern abgeleitet werden, eine Ansicht, die in meinen Studententagen noch sehr Mode war. Theorien kommen zustande durch ein von empirischem Material inspiriertes *Verstehen*, welches am besten im Anschluß an Plato als zur Deckung kommen von inneren Bildern mit äußeren Objekten und ihrem Verhalten zu deuten ist.«[47]

Die Verwendung des Begriffs »Archetypen« taucht bei Jung ab 1919 auf. Zuvor sprach er noch von »Urbildern« und »Dominanten«. Neben dem persönlichen Unbewußten spielt in der Jungschen Psychologie die Konzeption des kollektiven Unbewußten eine zentrale Rolle. Dieses kollektive, den Menschen gemeinsame, Unbewußte meint jene Inhalte, die nicht als »persönlich erworben« bezeichnet werden können. Solche Inhalte zeichnen sich, nach Jung, durch ihren mythologischen Charakter aus; sie sind der gesamten Menschheit gemeinsam – unabhängig von einer bestimmten Kultur oder Rasse und erst recht von der jeweils persönlichen Lebensgeschichte.

Die gemeinsame Arbeit zwischen Jung und Pauli begann 1946, als Pauli nach 6jährigem USA-Aufenthalt und Verleihung des Nobelpreises an die ETH-Zürich zurückkehrt. Bis zu Paulis Tod, 1958, fand ein sehr intensiver brieflicher und auch persönlicher Austausch statt, der auch zu der bereits erwähnten gemeinsamen Publikation führte. Es gab zwar auch schon zuvor Kontakte, zumal der von Pauli geschätzte Albert Einstein während seiner Professur in Zürich 1909-1910 und 1912-1913 (zu einer Zeit also, wo Einstein gerade seine allgemeine Relativitätstheorie entwickelte) öfter Gast im Hause von Jung war. Diese frühen Kontakte beziehen sich aber nicht auf das Archetypen-Konzept.

Es lag an der Gemeinsamkeit der Inhalte, der Interessen und der Gründlichkeit, mit der Pauli und Jung über die Grundlagen ihrer jeweiligen Disziplin nachdachten, daß

Physiker und Psychologe miteinander in Dialog kamen. Ein Dialog, der im Sinne unseres dritten Kapitels diesen Namen verdient, denn bei aller Unterschiedlichkeit der Fachdisziplinen und der darin üblichen Art zu forschen, ging es beiden darum, gerade diese verschiedenen Standpunkte zu nutzen, um im Blick auf das Gemeinsame eine angemessenere Gesamtsicht zu entwickeln. Pauli schrieb daher in einem bis kürzlich unveröffentlicht gebliebenen Aufsatz vom Juni 1948: »In der folgenden Skizze versuche ich, zu erläutern, wie ein Physiker als Folge dieses Rückgriffes von diesem Hintergrunde aus notwendig in die Psychologie gerät. Da ich Physik und Psychologie als komplementäre Untersuchungsrichtungen betrachte, bin ich sicher, dass ein völlig gleichberechtigter Weg existiert, der den Psychologen »von hinten« (nützlich über die Untersuchung der Archetypen) in die Physik führen muss.«

Vor dem Hintergrund unserer bisherigen Erörterungen könnte man die gemeinsame Grundfrage der beiden so skizzieren: Macht es Sinn, jene Strukturierungsprinzipien, die der physikalischen Welt, so wie wir sie erkennen, zugrunde liegen, von den Strukturierungsprinzipien zu unterscheiden, welche den psychischen und den kognitiven Welten zugrunde liegen? Oder ist es nicht vielmehr sinnvoll und sparsamer, in beiden Bereichen von denselben Strukturierungsprinzipien auszugehen?

Für Pauli war wohl ausschlaggebend, daß er eine Ähnlichkeit sah zwischen seinen Träumen, die voller physikalischer Begriffe und Symbole waren, und physikalischen Abhandlungen des 17. Jahrhunderts. Besonders beeindruckte ihn dabei Kepler, weil zu dessen Zeit die wissenschaftlichen Begriffe noch relativ unterentwickelt waren.

Interessanterweise hat Kepler (1571–1630), der auf der Schwelle zur heutigen abendländischen Wissenschaft stand, auch durch die moderne Systemtheorie eine Aufwertung erfahren. Kepler nahm nämlich an – in Übereinstimmung mit archaischen Vorstellungen, die über zwei Jahrtausende zurück bis in die griechische Antike (Pythagoras) reichten – daß der Aufbau der Welt auf harmonische Strukturen zurückzuführen sei. Diese sollten sich wiederum in der Mathematik, besonders der Geometrie, widerspiegeln. »Die Geometrie ist das Urbild der Schönheit der Welt« betonte er.

Diese Harmonie entdeckte er im »mystericum cosmographicum« (1594) in bezug auf die Planetenbahnen. Deren Relationen verhalten sich ja tatsächlich grob so, wie die Kugelradien der fünf Platonischen Körper – jener Körper, die von gleichen Flächen begrenzt werden, wie Würfel (Quadrate), Tetraeder (Dreiecke), Dodekaeder (Fünfecke) etc. Auch in seiner späteren Revision, den »harmonices mundi« (1619), in der Kepler die Kreisbahnen durch Ellipsen ersetzt, betonte er, daß in diesen exzentrischen Bahnen die himmlischen Harmonien noch besser zum Ausdruck kommen als in den Proportionen der Kreisradien.

Solche Vorstellungen von Harmonie wurden durch die moderne Wissenschaft scheinbar ad absurdum geführt. Denn die Leistung Newtons wird gerade darin gesehen, daß er die Keplerschen Gesetze der Planetenbewegungen aus *allgemeinen* Bewegungsgleichungen ableitete. Nach Newtons »principia mathematica« (1687) gibt es keine *ausgezeichneten* Bahnen: Sofern sie seinen mathematischen Prinzipien genügen, sind alle möglichen Planetenbahnen gleich gültig. Ist die Formel für die Konstruktion einer Ellipse bekannt, kann man auf einem Blatt Papier um einen Brennpunkt Ellipsen in beliebiger Entfernung malen. Es gibt keinen Grund, warum bestimmte Entfernungen »harmonischer« sein sollten als andere. Laplace sprach daher auch abfällig von der »grillenhaften Spekulation« Keplers.

»Das hat sich in den letzten Jahren geändert. Auf überraschende Weise ist Kepler wieder aktuell geworden«, betonen die beiden mathematischen Physiker Richter und Scholz in einer Arbeit über den »goldenen Schnitt in der Natur«.[48] Die moderne Chaos- und Systemtheorie hat nämlich gezeigt, daß aufgrund der Rückkopplungen zwischen den Planeten sehr wohl bestimmte Proportionen vor anderen ausgezeichnet sind. Sofern Resonanzen entstehen, können sich die Effekte aufschaukeln und das Gesamtsystem dann eher instabil werden lassen. Dies wird am Saturnring deutlich: Der Ring besteht aus Myriaden den Saturn umkreisenden Gesteinsstücken. Bei genauer Betrachtung weist er in bestimmten Abständen aber Lücken auf. Es zeigt sich, daß diese Abstände Resonanzzonen sind, das heißt, daß in diesen Zonen kreisende Stücke mit dem Saturnmond Mimas in Resonanz treten und instabil würden (bzw. im Laufe der Evolution des Planetensystems: instabil geworden sind). Diese Zonen sind daher von Teilchen leergefegt. Ebenso sind im Asteroidengürtel (winzige Planeten zwischen Mars und Jupiter) jene Zonen leer, die mit der Jupiterbahn durch allzu einfache Schwingungsverhältnisse in Resonanz treten würden. Im Gegensatz zu Newtons Vision seiner überall gültigen Bewegungsgleichungen ist den Himmelskörpern Keplers »harmonices mundi« also keineswegs gleich-gültig (obwohl die Homogenitätsannahme – das heißt die Gleichgültigkeit – abendländischer Wissenschaft sogar zunehmend unseren Alltag prägt, und zum Beispiel in Form von Spanplatten, Beton und Formfleisch ihre Umsetzung erfährt).

1978 erst konnte der Plasmaphysiker John Greene zeigen, daß Bewegungen mit dem sogenannten »goldenen Schnitt« als Frequenzverhältnis die größtmögliche Stabilität gegenüber störenden Einflüssen aufweisen. Der »goldene Schnitt« spielte auch in Überlegungen Keplers eine wichtige Rolle, zumal er sich auch noch durch die Zahlenreihe 1/2, 2/3, 3/5, 5/8 ... approximieren läßt. Dies aber entspricht den Tonintervallen Oktave, Quinte, große und kleine Sext, wozu Kepler ausrief: »Es sind also die Himmelsbewegungen nichts anderes als eine fortwährende mehrstimmige Musik (durch den Verstand, nicht das Ohr faßbar).«[49]

Bemerkenswerterweise steht auch die Konzeption der Archetypen bei Jung und Pauli in engster Verbindung zur modernen System- und Chaostheorie. Dies übersteigt den Kontext dieses Buches, soll aber zumindest kurz belegt werden. In einem Brief von Pauli an Jung vom 27.2.1952 heißt es: »Im Frühjahr 1951 flog mir in einem Traum das (der Mathematik entnommene) Wort ›Automorphismus‹ zu ... und diesem entsprechen in der Analogie wohl die ›Archetypen‹ als anordnende Faktoren, wie Sie diese 1946 definiert und aufgefaßt haben.« Und, nachdem er betont, daß »das Wort ›Automorphismus‹ wie ein ›Mantra‹ gewirkt hat«, fährt er fort: »So erscheint mir mit dem Oberbegriff ›Automorphismus‹ hier die Möglichkeit eines weiteren Fortschritts zu liegen, besonders da er einer (in Bezug auf Physis und Psyche) neutralen Sprache angehört und da er auch eine Komplementarität von Einheit und Vielheit ... andeutet.«[50]

Pauli war leider nicht vergönnt zu erleben, wie rund ein Jahrzehnt später, durch das Aufkommen der Computer, die moderne Chaos- und Systemforschung begann, die heute immer mehr Wissenschaftler in ihren Bann zieht. Dem Wechselspiel von Chaos und Ordnung, der Selbstorganisation von Systemen und ihrer Entfaltung, liegt als zentrales Moment genau jener »Automorphismus« zugrunde, den wir heute »iterative Abbildung« nennen.[51]

Mensch und Ordnung

Die Vorstellung von »grundlegenden« Ordnungsprinzipien mag auf den ersten Blick im Widerspruch stehen zu den Ausführungen über unsere *menschlich* notwendige Reduktion von Chaos, wie ich sie in den ersten beiden Kapiteln entwickelt habe. Dieser Widerspruch löst sich aber auf, wenn man zunächst bedenkt, daß wir, bestenfalls, nur Teile oder Aspekte des »Ganzen« – dessen Teil wir selbst sind – erkennen können. Und daß zudem über den Erkenntnisakt selbst, diese (jeweils wenigen) Aspekte überhaupt erst »zur Sprache gebracht« werden, was immer *innerhalb* der realen Welt, einer konkreten Kultur und Sozialgemeinschaft sowie ihren Sprach- und Denkgewohnheiten erfolgt. Dies genau macht den Aspekt der Reduktion und Realisation aus. Wir haben je nach unserem Standort in der Welt nur perspektivische Bilder. Wenn wir diese Grenzen unserer Erkenntnis demütig anerkennen, können wir nichts Besseres tun, als mit den Menschen, die andere Standpunkte und Perspektiven haben, in einen Dialog (im Sinn des III. Kapitels) treten, damit aus der Vielfalt dieser Perspektiven etwas mehr von der dahinterstehenden Komplexität deutlich wird.

Gefährlich wird die Idee von »grundlegenden« Ordnungsprinzipien freilich dann, wenn der Mensch in seiner Hybris übersieht, daß seine Bilder nicht das »sind«, was sie abbilden. Oder wenn er auch nur glaubt, daß diese Abbildung in irgendeinem Sinne vollständig sein könnte. Dies meint wohl auch zum Beispiel das »Bilder-Verbot« der Bibel. Denn bei einer solchen Haltung verkommt selbst »Gott« zum Götzen. Hieraus erwächst dann nur allzu leicht das Unheil, diese so »erkannte« Ordnung anderen überstülpen zu wollen. Es sollte uns eine Mahnung sein, wie sogar die Botschaft Christi, Liebe und Friedfertigkeit, in dem Wahn, die einzig richtige »Wahrheit« erkannt zu haben, zu blutrünstigem Fanatismus herhalten mußte, wie etwa die Kreuzzüge und die Inquisition gezeigt haben. Daß unter einem vermeintlichen Alleinanspruch auf Wahrheit auch in der Gegenwart in sogenannten »heiligen Kriegen« Mord und Terror verbreitet werden, zeigt die geringe Lernfähigkeit der Menschheit in dieser Hinsicht. Die gleiche Haltung findet man, wenn auch mit weniger gravierenden Folgen, bei zahlreichen »Gurus« und ihren Anhängern – sei es im religiösen, politischen oder sogar im therapeutischen Bereich.

Darüber hinaus muß beachtet werden, daß mit einer solchen »grundlegenden« Ordnung keinesfalls eine statische Ordnung gemeint ist, wie man vielleicht noch Kepler verstehen könnte, sondern eine entfaltende und ordnende Tendenz – ein Verständnis von Ordnung, wie wir sie im Rahmen moderner Selbstorganisations- und Systemtheorie zunehmend verstehen lernen (was mit dem o.a. Begriff ›Automorphismus‹ auch klar so gemeint ist). »Die Welt *ist* nicht, sondern *sie* geschieht«, zitierten wir im ersten Kapitel Friedrich Cramers Quintessenz der Gemeinsamkeit moderner Systemtheorie mit vielen Weisheitslehren unterschiedlicher Kulturen und Epochen.

Neben den Archetypen finden wir daher beispielsweise mit Demokrits und Aristoteles *Entelechie*, dem seelischen Formprinzip, das dem Organismus seine Gestalt gibt, Hans Drieschs *Vitalismus*, der ebenfalls die »Entelechie« im Rahmen experimentell-biologischer Arbeiten verwendete, Teilhard de Chardins kosmologischer Weltschau oder Carl Rogers *Aktualisierungstendenz*, dem Entwicklungsprinzip im Ansatz der klientzentrierten Psychotherapie, viele ähnliche Vorstellungen.

Es geht also um dynamisch sich entfaltende Ordnung, die aber immer nur »unter den Bedingungen dieser Welt« realisiert werden kann.[52] Wir Menschen können also gerade nicht unsere Verantwortung – die persönliche und gesellschaftliche Antwort auf die Frage: »Adam, wo bist du?« – auf eine »jenseitige« Ordnungsmacht verschieben. *In* dieser Welt sind *wir* angefragt, sind *wir* für die Realisation der Ordnung verantwortlich.

Auf der individuellen Ebene finden wir diese dialektische Beziehung von einer latenten Ordnung, voller sublimer Möglichkeiten, und ihrer realen Entfaltung sowohl bei C.G. Jung in seinem Konzept der Individuation, als auch bei Karlfried Graf Dürckheim, die beide östliche Weisheitslehren mit westlicher Psychotherapie verbanden.

Unter Individuation ist bei Jung der innere Prozeß der individuellen Menschwerdung zu verstehen; und dies durchaus vor dem Hintergrund einer gesamtkosmischen Evolution. Wie in vielen Psychotherapien und Weisheitslehren geht es um ein lebenslanges Bemühen, zum eigentlichen Wesen, zum eigentlichen Selbst zu finden. Dies meint der bekannte Ausspruch: »Werde der Du bist!« Oder wie Karlfried Graf Dürckheim es so schön ausdrückte: »Wie kommt der ›Karlfried‹ durch den ›Dürckheim‹?«: Es gibt einerseits die Eingebundenheit in die sozialen und materiellen Strukturen dieser Welt, die längst schon vorhanden sind, bevor wir die Lebensbühne betreten, das Elternhaus, die Familie, die soziale Schicht, der Ort, die Nation, in der wir aufwachsen, und die Erwartungen, die auf uns gerichtet sind und nach denen wir erzogen werden, um unseren Platz, unsere Rolle einzunehmen. Dafür steht symbolisch der Familienname – hier Graf Dürckheim. Doch wie fest wir in diesen äußeren Strukturen auch immer verankert sein mögen, da gibt es noch das Eigentliche, das Wesen – um nicht zu sagen, das Wesentliche – von dem wir gelegentlich spüren: Trotz allem, was ich nach außen zeige beziehungsweise zeigen kann, was ich mich traue, sein zu dürfen, gibt es noch etwas *in* mir, von dem ich einiges kenne, manches nur ahne, von manchem sogar nur frage, ob es da sein könnte, weil ich eine Sehnsucht danach spüre. Dies sind vielleicht Aspekte, die ich noch gar nicht kenne, die aber beispielsweise in einer neuen Beziehung zum Vorschein kommen – die auch eine therapeutische Beziehung sein kann. Und das alles bin *ICH* eigentlich, *wesentlich*. Wobei Graf Dürckheim dies mit einer schönen Formulierung umschrieben hat, nämlich »als das überweltliche Wesen, das in uns und durch uns manifest werden will in dieser Welt.«

Der Mensch ist aber nicht allein. Daher spricht der Familientherapeut Helm Stierlin von »bezogener Individuation«. Darunter versteht er ein »allgemeines Prinzip, demzufolge ein höheres Niveau an Individuation auch ein jeweils höheres Niveau an Bezogenheit auf andere sowohl verlangt als auch ermöglicht.«[53] Es ist sofort einsichtig, daß diese Bezogenheit nicht auf das System Familie beschränkt sein muß, sondern auch für die Gesamtgesellschaft als eine Entwicklungsleitlinie vorgegeben werden kann.

Wie Therapeuten wissen, und wie sich auch aus der Sicht moderner Systemtheorie zeigt, kann eine solche Entfaltung der latenten Ordnungen nicht – oder nur sehr bedingt und aufwendig – über Kontrolle erreicht werden. Wie vor den Fähigkeiten der debilen Zwillinge, und unendlich vielen anderen Phänomenen, müssen wir die Grenzen unseres Wissens er- und bekennen. Wir können aber versuchen, uns als Teil dieser umfassenden Ordnung zu verstehen und möglichst im Einklang mit ihr zu handeln, auch wenn dies oft nicht gelingen wird. Statt eine äußere Sicherheit allein über Kontrolle erreichen zu wollen, können wir vermehrt an der inneren Sicherheit über Vertrauen arbeiten. Beide Sicherheitsaspekte sollten zumindest in einem ausgewogenen Verhältnis stehen.

Denken wir nochmals an die Eingangsszene des ersten Kapitels, wo die Mutter ihrem Kind nicht primär vermittelte: »Ich habe schon alles im Griff«, sondern: »Alles ist letztlich in Ordnung« im Sinne von: »Vertraue dem Sein und dem Werden«. Hier wird deutlich, daß Vertrauen eine conditio humana ist – eine Grundbedingung für die menschliche Ordnung dieser Welt, wie auch Berger selbst anhand der Eingangsszene herausarbeitete. Er knüpfte an seine Schilderung nämlich mit der spannenden und tiefreichenden Frage an: »Belügt die Mutter eigentlich ihr Kind?«

Sofern wir uns an die reinen Fakten halten, an die nackten Tatsachen, die uns in dieser Welt begegnen, so müßten wir sie wohl der Lüge bezichtigen – auch wenn wir ihr, mit Berger, gern zugestehen wollen, daß sie aus Liebe lügt und Trost spendet. Denn zu den Tatsachen dieser Welt gehören neben dem unausweichlichen Tod auch Krieg, Folter und Verfolgung, Millionen jährlich verhungernder Kinder und anderer Greueltaten, die Menschen begehen beziehungsweise zu verantworten haben. Insofern ist die Welt und das Handeln des Menschen in dieser Welt ganz sicher nicht in Ordnung.

Und doch bewegte uns die Szene vielleicht gerade auch deshalb, weil sich eine Mutter eben *nicht* an die reinen Tatsachen hält. Weil, wie Berger sagt, der Trost, den sie gibt, über sie und ihr Kind, über die Zufälligkeit der Personen und der Situation hinausreicht und eine Behauptung über die Wirklichkeit als solche enthält.

Und sofern wir diese Szene und den Trost der Mutter als typisch akzeptieren, können wir Berger vielleicht folgen, der diese Szene als Beleg für eine transzendente Dimension im Kern des menschlichen Daseins nimmt. Als Beleg nämlich für ein durch die Tatsachen nicht begründbares Vertrauen in eine Ordnung der Wirklichkeit – in eine wie immer geartete Sinnhaftigkeit des Daseins. Diese Dimension liegt als Botschaft an den neuen Erdenbürger der Alltagsszene im ersten Kapitel zugrunde und bildet eine wichtige Orientierungsrichtung für den Menschen in dieser Welt.

Wir haben das Kapitel mit einem Bericht über zwei debile Autisten begonnen – beenden wir es mit einer Passage aus dem Dialog der beiden Physik-Nobelpreisträger Pauli und Heisenberg, wobei beide Äußerungen von Heisenberg stammen:[54]

»Ich erinnere mich an ein Buch über das Kausalgesetz, in dem einzelne Fragestellungen oder Formulierungen immer wieder abgetan werden mit dem Vorwurf, es handle sich um Relikte aus der Metaphysik, aus einer vorwissenschaftlichen oder animistischen Epoche des Denkens. So werden etwa die biologischen Begriffe ›Ganzheit‹ und ›Entelechie‹ als vorwissenschaftlich abgelehnt, und es wird der Beweis versucht, daß den Aussagen, in denen diese Begriffe gewöhnlich verwendet werden, keine nachprüfbaren Inhalte entsprechen ... Mir würde es als völlig absurd vorkommen, wenn ich mir die Fragen oder die Gedankengänge der frühen Philosophen verbieten wollte, weil sie nicht in einer präzisen Sprache ausgedrückt worden sind. Ich habe manchmal Schwierigkeiten zu verstehen, was mit diesen Gedankengängen gemeint ist, und ich versuche dann, sie in eine modern Terminologie zu übersetzen und nachzusehen, ob wir jetzt neue Antworten geben können. Aber ich habe keine Hemmung die alten Fragen aufzugreifen.« ...

»Die Frage nach den Werten – das ist doch die Frage nach dem, was wir tun, was wir anstreben, wie wir uns verhalten sollen. Die Frage ist also vom Menschen und relativ zum Menschen gestellt; es ist eine Frage nach dem Kompaß, nach dem wir uns richten sollen, wenn wir den Weg durchs Leben suchen. Dieser Kompaß hat in verschiedenen Religionen und Weltanschauungen sehr verschiedene Namen erhalten ... Aber ich habe doch den Eindruck, daß es sich bei allen Formulierungen um die Beziehung des Menschen zur zentralen Ordnung der Welt handelt. Natürlich wissen wir, daß für uns die Wirklichkeit von der Struktur unseres Bewußtseins abhängt; der objektivierbare Bereich ist nur ein kleiner Teil unserer Wirklichkeit. Aber auch dort, wo nach dem subjektiven Bereich gefragt wird, ist die zentrale Ordnung wirksam und verweigert uns das Recht, die Gestalten dieses Bereichs als Spiel des Zufalls oder der Willkür zu betrachten. Allerdings kann es im subjektiven Bereich, sei es des Einzelnen oder der Völker, viel Verwirrung geben. Es können sozusagen Dämonen regieren und ihr Unwesen treiben, oder um es mehr naturwissenschaftlich auszudrücken, es können Teilordnungen wirksam werden, die mit der zentralen Ordnung nicht zusammenpassen, die von ihr abgetrennt sind. Aber letzten Endes setzt sich doch wohl immer die zentrale Ordnung durch, das ›Eine‹ um in der antiken Terminologie zu reden, zu dem wir in der Sprache der Religion in Beziehung treten. Wenn nach den Werten gefragt wird, so scheint also die Forderung zu lauten, daß wir im Sinne dieser zentralen Ordnung handeln sollen ...«

Anmerkungen

1 Die Vortrags-Cassetten sind erhältlich: Vier-Türme-Verlag, D-97357 Münsterschwarzach Abtei (Best.Nr. 247, ISBN 3-87868-764-8).

2 Peter L. Berger: Auf den Spuren der Engel. Die moderne Gesellschaft und die Wiederentdeckung der Transzendenz. Frankfurt 1970, S. 82.

3 Alfried Längle Der Mensch auf der Suche nach Halt. Existenzanalyse der Angst. Bull. d.Ges.f. Logotherapie und Existenzanalyse, 1996, 13, 2, 4-12.

4 So schreibt z.B. Rohde-Dachser – unter Verweis auch auf Kernberg sowie auf Ciompi – zur Kennzeichnung der Spaltung der Objektbeziehungen in »gut« und »böse« bei »Borderline«-Störungen: »Die Spaltung ist also – wenn man so will – der erste und urtümliche Versuch des Menschen, seine widersprüchlichen Erfahrungen innerlich abzubilden und gleichzeitig zu ordnen, dem Chaos eine Struktur zu geben« (C. Rohde-Dachser, Das Borderline-Syndrom. Bern – Stuttgart 1986, S. 136).

5 Erwin Schwarz-Reiflingen: Musik von A-Z, Stuttgart, 1955. Diesen Hinweis auf das Chaos in Joseph Haydns »Schöpfung« verdanke ich Theo Gehm, der einen Vortrag an einer Tagung über Chaos und moderne Systemtheorie mit eben jener Musikpassage eröffnete.

6 Vgl. Friedrich Cramer u. Wolfgang Kaempfer: Der Zeitbaum. In: Der Komet. Almanach der anderen Bibliothek auf das Jahr 1991. Frankfurt/M.

7 Bei der Unterscheidung zwischen »Wirklichkeit« und »Realität« will ich mit »Wirklichkeit« (von: wirken) das den Phänomenen zugrundeliegende, mit »Realität« (von: res = Sache) das vom erkennenden Menschen Manifestierte bezeichnen.

8 Friedrich Cramer: Chaos und Ordnung. Die komplexe Struktur des Lebendigen, Stuttgart 1988, S. 268.

9 Tom Bower, Die Wahrnehmungswelt des Kindes. Stuttgart 1978, S. 36 u. 89

10 Bower, a.a.O. S. 90.

11 vgl. Hanus Papousek: Entwicklung und Lernfähigkeit im Säuglingsalter. In: G. Nissen (Hg.): Intelligenz, Lernen und Lernstörungen. Berlin 1977.

12 Daniel Stern, Die Lebenserfahrung des Säuglings, Stuttgart 1992.

13 Dies ist sehr differenziert ausgeführt in: Luc Ciompi: Affektlogik, Stuttgart 1982.

14 Vgl. Heinz v. Foerster, Abbau und Aufbau. In: Simon, F. (Hg.): Lebende Systeme, Berlin 1988, S. 19–33.

15 Vgl. Jürgen Kriz, Chaos und Struktur, Weinheim 1993, und Jürgen Kriz: Systemtheorie, Wien 1997.

16 Vgl. Kriz , a.a.O.

17 Abgewandelt nach Richard Bandler u.a.: Mit Familien reden, München 1978, die dies als »geeichte Kommunikation« bezeichnen (vgl. Arist v. Schlippe u. Jürgen Kriz: Skulpturarbeit und zirkuläres Fragen. Eine integrative Perspektive auf zwei systemtherapeutische Techniken aus der Sicht der personenzentrierten Systemtheorie. In: Integrative Therapie 1993, 19, 4, S. 222–241).

18 Paul Watzlawick u.a.: Menschliche Kommunikation, Bern 1969, in Anlehnung an Benjamin Lee Whorf: Sprache, Denken, Wirklichkeit. Reinbek/Hamburg 1963.

19 So z.B. Carl Whitaker in Atlanta, Nathan Ackermann in New York, Ivan Boszormenyi-Nagy und James Framo in Philadelphia und einige andere, die wir heute zu den Gründerpersönlichkeiten der Familientherapie zählen.

20 »Towards a Theory of Schizophrenia« vgl. (Watzlawick u.a., a.a.O., S. 49).

21 Vgl. Roche Lexikon Medizin 1984, S. 66.

22 Vgl. Maurizio Andolfi: Familientherapie, Freiburg 1982, S. 25.

23 In der Fachliteratur als »Postmoderne« und »narrative Ansätze« charakterisiert.

24 Ein sogenannter Phasenübergang.

25 In Anlehnung an Arist v. Schlippe u. Jochen Schweitzer: Lehrbuch der systemischen Therapie und Beratung, Göttingen 1996, S. 138, die auch ausführliche Beispiele geben.

26 Dies ist meist als spezifische Struktur der »Ausdrücke« zu sehen, wie etwa bei Anorexie.

27 Wie z.B. die Arbeit mit dem Reflecting Team – vgl. Tom Andersen: Das reflektierende Team, Dortmund 1990, und Arist v.

Schlippe u. Jürgen Kriz (Hg.): Kontexte für Veränderung schaffen. Systemische Perspektiven in der Praxis. Forsch. Ber. FB Psychologie, Nr. 111. Univ. Osnabrück.

28 Teile diese Kapitels entstanden im Kontext einer Gruppe, die rund ein halbes Jahrzehnt etwa dreimal jährlich zusammentraf, um Visionen und Perspektiven für eine lebensgerechtere Wissenschaft und Möglichkeiten ihrer Realisierung zu entwikkeln. Dazu gehörten Arnim Bechmann, Jürgen Dahl, Michael Drieschner, Zeyde-Margreth Erdmann, Franz-Theo Gottwald, Hans-Werner Ingensiep, Raimer Jochims, Rudolf Prinz zur Lippe, Klaus Michael Meyer-Abich, Gerhard Scherhorn und Christine von Weizsäcker. Für vielfältige Anregungen und konstruktive Kritik in diesem Zusammenhang danke ich herzlich. Besonderer Dank gilt auch der Schweisfurth-Stiftung, München, welche diese Arbeitstagungen unterstützte.

29 Martin Buber: Der Weg des Menschen – nach der chassidischen Lehre. Heidelberg 1977, S. 7.

30 Vgl. Klaus Michael Meyer-Abich (Hg.): Mitwissenschaft (Arbeitstitel), München 1997.

31 Wolfgang Metzger, Schöpferische Freiheit. Frankfurt: Waldemar Kramer, 1962.

32 Abraham Maslow: Die Psychologie der Wissenschaft, München 1977, S. 57.

33 Maslow, a.a.O., S. 14.

34 Hans-Peter Dürr, Respekt vor der Natur – Verantwortung für die Natur, München: Piper,1994, S. 90.

35 Carl A. Meier; Wolfgang Pauli und C. G. Jung: Ein Briefwechsel. Berlin, Heidelberg 1992.

36 Erwin Laszlo: Neue Dimensionen systemischen Denkens, in: Karl Kratky (Hg.): Systemische Perspektiven, Heidelberg 1991, S. 151ff.

37 Bulletin, Presse- und Informationsamt der Bundesregierung Nr. 123/S. 1121 vom 2.10.1988.

38 Renate Wind: Dem Rad in die Speichen fallen. Die Lebensgeschichte des Dietrich Bonhoeffer, Weinheim, Basel 1990, S. 127

39 Oliver Sacks: Der Mann, der seine Frau mit einem Hut verwechselte. Reinbek 1987

40 Ebenfalls der Darstellung von Sacks entnommen.

41 Vgl. Sacks »Nachschrift« zu diesem Fallbericht.

42 Werner Heisenberg 1986, zit.n. Cramer, a.a.O.

43 Wolfgang Pauli in: Naturerklärung und Psyche, S. 112.
44 Meier, a.a.O., S.108.
45 Wolfgang Pauli, in: Meier, a.a.O., S. 177.
46 Zit. nach Wolfgang Metzger: Gestaltpsychologie. Ausgewählte Werke aus den Jahren 1950–1982, Frankfurt, S. 259.
47 Pauli in seinem Vortrag »Die Wissenschaft und das abendländische Denken.« Den Hinweis verdanke ich dem Wiener Physik-Ordinarius Herbert Pietschmann.
48 Peter H. Richter u. Hans-Joachim Scholz: Der goldenen Schnitt in der Natur, in: Bernd-Olaf Küppers (Hg.): Ordnung aus dem Chaos, München 1987, S. 175–214.
49 Zit. nach Richter und Scholz, a.a.O.
50 Meier, a.a.O., S. 81/ 82.
51 Vgl. Kriz, a.a.O.
52 Hier spiele ich bewußt auf Karlfried Graf Dürckheim an.
53 Vgl. Helm Stierlin: Delegation und Familie, Frankfurt 1978.
54 Werner Heisenberg: Der Teil und das Ganze, München 1986, zit. nach Cramer, a.a.O., S. 212 ff.

Wenn Sie weiterlesen möchten...

Gerald Hüther
Biologie der Angst
Wie aus Streß Gefühle werden

Ohne Streß könnten wir die kreatürliche Angst nicht überwinden. Wir könnten nicht einmal denken, fühlen, lieben, die Welt begreifen.
Das Buch ist geschrieben in einer leicht lesbaren Sprache, es erklärt in eingängigen Beispielen, weil es über Fachgrenzen hinweg verstanden werden will. Es gibt jedem, Fachleuten wie Laien, einen neuen Horizont im Verständnis menschlicher Entwicklung. Hochkompliziertes wird sinnfällig, Vages wird konkret und Naturwissenschaft versöhnt sich mit unseren alten Vorstellungen von der Seele.

Luc Ciompi
Die emotionalen Grundlagen des Denkens
Entwurf einer fraktalen Affektlogik

Luc Ciompi fügt in diesem Buch zusammen, was sich in überkommenen Bildern vom Menschen der Zusammenschau widersetzt hat. Aus Angst vor dem Chaos haben wir menschliches Denken in der materiellen Welt uns immer nur beherrschend oder als höchst abhängig vorzustellen vermocht. Ciompi vollzieht den Schritt in ein neues Zeitalter: Wenn wir das Chaos akzeptieren als elementare Gegebenheit unseres Fühlens, Denkens und Handelns, können wir deren Logik erfassen, eine Logik höherer Ordnung. Es ist eine kreative Erkenntnis: Selbstschöpferisch und lustvoll ist der Mensch in seinem Fühlen und Denken, und gleichfalls voller Lust und Kreativität ist es, ihn darin zu begreifen.

Arist von Schlippe / Jochen Schweitzer
Lehrbuch der systemischen Therapie und Beratung
Mit einem Vorwort von Helm Stierlin.

Über die Familientherapie hinaus hat sich systemisches Denken weite Arbeitsfelder entschlossen, von der Einzel- und Paartherapie über die Supervision bis zur Organisationsentwicklung, in der Medizin und Sozialarbeit wie im Management und der Politikberatung.
Das Buch entwickelt, jederzeit praxisbezogen, die theoretischen Konzepte, die hinter systemischem Denken stehen, macht eingehend vertraut mit den Techniken und Anwendungsmöglichkeiten und veranschaulicht sie an zahlreichen Fallbeispielen. Aktuelle Kontroversen werden aufgegriffen, in der Kritik der systemischen Therapie werden auch künftige Entwicklungslinien und innovative Anwendungsfelder deutlich.

Joachim Hesse (Hg.)
Systemisch-lösungsorientierte Kurztherapie

Das systemische Begreifen von Problemlagen im Leben hat sich in der Familien-, der Paar- und der Einzeltherapie als rasch wirksam bewährt.
Die weltweit führenden Vertreter der systemischen Kurztherapie geben hier einen grundlegenden Überblick über die theoretischen Grundlagen, die praktischen Implikationen systemischen Vorgehens und über die erfolgreichen Techniken, wie effektive Lösungsgespräche geführt werden können:
Paul Watzlawick, Palo Alto
Steve de Shazer, Milwaukee
Luc Isebaert, Brugge
Günter Schiepek, Münster
Gunther Schmidt, Heidelberg

VANDENHOECK TRANSPARENT

Alle Bände ca. 128 Seiten, kartoniert.

43: Karin Wilkening
Wir leben endlich
Zum Umgang mit Sterben, Tod und Trauer
1997. ISBN 3-525-01729-4

40: Wolfgang Wiedemann
Entspannung für Einsteiger
Seelische, körperliche und spirituelle Wege der Streßbewältigung
1997. ISBN 3-525-01816-9

39: Hans-H. Fröhlich
Leben in der Zweierbeziehung
Intakte und gestörte Partnerschaften
1997. ISBN 3-525-01727-8

38: Esther Goshen-Gottstein
Als der Tod uns trennte
Das Weiterleben als Witwe
1997. ISBN 3-525-01726-X

35: Jürgen Guthke
Intelligenz im Test
Wege der psychologischen Intelligenzdiagnostik
1996. ISBN 3-525-01725-1

34: Ulrike S. / Gerhard Crombach / Hans Reinecker
Der Weg aus der Zwangserkrankung
Bericht einer Betroffenen für ihre Leidensgefährten
1996. ISBN 3-525-01724-3

33: Udo Rauchfleisch
Musik schöpfen, Musik hören
Ein psychologischer Zugang
1996. ISBN 3-525-01723-5

30: Harald Posininsky / Cornelia Schaumburg
Schizophrenie – was ist das?
Eine Krankheit und ihre Behandlungsmöglichkeiten
1996. ISBN 3-525-01722-7

28: Leopold Rosenmayr
Altern im Lebenslauf
Soziale Position, Konflikt und Liebe in den späten Jahren
1996. ISBN 3-525-01720-0

27: Christoph Schenk
Bewußtsein und Schlaf
Ein Brevier zur Entspannung
1996. ISBN 3-525-01719-7

26: Martin Koschorke
Die Liebe in den Zeiten der Wende
Aufzeichnungen aus der Eheberatung
1995. ISBN 3-525-01813-4